# ARCACHON

RÉPONSE

## A M. LAMARQUE DE PLAISANCE

CHEVALIER DE LA LÉGION-D'HONNEUR,
ANCIEN MAIRE DE COCUMONT, ANCIEN MEMBRE DU CONSEIL GÉNÉRAL
DE LOT-ET-GARONNE,
MAIRE DE LA VILLE ET COMMUNE D'ARCACHON,
MEMBRE DU CONSEIL GÉNÉRAL DE LA GIRONDE ;

précédée

## DE QUELQUES NOTES A PROPOS DU BOULEVARD DE CEINTURE

ET DES TRAVAUX COMMUNAUX

par

## ADALBERT DEGANNE

SE VEND

CHEZ M. LACOU, LIBRAIRE

A ARCACHON

1862

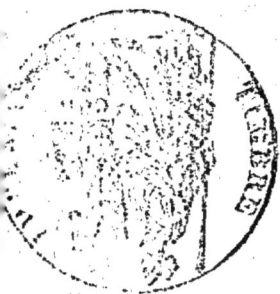

Bordeaux. — Imp. G. Gounouilhou,
rue Guiraude, 11.

# BOULEVARD DE CEINTURE

## ET TRAVAUX COMMUNAUX

# ARCACHON

---

QUELQUES NOTES

## A PROPOS DU BOULEVARD DE CEINTURE

### ET DES TRAVAUX COMMUNAUX.

---

Paris et Bordeaux ont leur boulevard ou chemin de ceinture, Arcachon devait ambitionner l'honneur d'avoir le sien. Je suis loin de blâmer cette ambition ; je l'approuve au contraire hautement. Je suis de ceux qui ont foi entière dans un avenir brillant pour Arcachon, et je l'ai prouvé du reste par mes actes. Mais c'est en raison même de la grandeur des destinées que je crois réservées à notre cité, que je ne voudrais pas voir traiter les pre-

miers travaux de sa fondation avec une mesquinerie de vues digne, tout au plus, d'une
mince bourgade. Vous avez raison de chercher à imiter Bordeaux et surtout Paris, dans
leurs efforts pour tracer à grands traits des
boulevards, des avenues, dont l'aspect grandiose arrache des cris d'admiration à tous les
étrangers qui les visitent.

Molière l'a dit il y a longtemps :

Quand sur une personne on prétend se régler,
C'est par les beaux côtés qu'il lui faut ressembler.

Les vérités que le poète a mises dans la
bouche d'*Armande* sont impérissables ; tâchez
donc d'en faire votre profit, et suivez le conseil qu'il vous donne. Vous le pouvez d'autant
plus facilement, qu'en vous modelant sur les
idées larges des édiles parisiens en matière
de voies publiques, vous n'avez pas comme
eux à lutter contre de petits obstacles qui
avaient pour eux des siècles de durée ; vous
taillez en plein drap, et si vous faites de l'é-
troit ou du raccourci, c'est que vous le voulez
bien. Vainement vous retrancherez-vous der-
rière l'exiguïté de vos ressources ; tous les
gens sages vous répondront avec moi : Mieux

vaut faire peu et bien, que beaucoup et mal.
Il est d'ailleurs une chose certaine, c'est qu'il
en coûte autant pour mal faire que pour bien
faire ; le goût seul de ceux qui président à
l'exécution fait la différence.

Depuis longtemps il était question d'établir
à Arcachon un boulevard ou chemin de ceinture. Le tracé de ce boulevard avait été indiqué l'année dernière, au mois d'octobre, par
un ingénieur, propriétaire à Arcachon, mais
qui habite Paris. Partant de l'église paroissiale, il venait rejoindre le passage à niveau
qui est près de la gare d'Arcachon, et, de là,
se dirigeait sur la chapelle Saint-Ferdinand.
En reliant ainsi les deux églises d'Arcachon,
ce tracé avait en outre l'avantage de mettre
tout le quartier Saint-Ferdinand, dans lequel
sont compris le Mouëng et l'Aiguillon, en
communication directe avec la gare du chemin de fer, au moyen du prolongement de
l'avenue latérale jusqu'à la rencontre du chemin de ceinture. On raccourcissait ainsi de
450 mètres environ la distance à parcourir
pour se rendre de Saint-Ferdinand à la gare.

Les connaissances spéciales et la grande
expérience de l'ingénieur qui proposait ce

tracé, recommandaient à tous égards l'adoption de ce projet.

Cependant, à peine fut-il connu des propriétaires et habitants du quartier Saint-Ferdinand, que ceux-ci s'empressèrent de réclamer auprès de l'administration municipale. Ils firent valoir, non sans raison, que le but d'un boulevard de ceinture, indiqué par sa dénomination même, était d'englober toute la commune et de fournir aux promeneurs les moyens de parcourir tout le pays, à cheval ou en voiture, sur une voie d'une longueur et d'un développement convenables, et qu'en se bornant à conduire ce boulevard jusqu'à la chapelle Saint-Ferdinand pour y rejoindre la route départementale, on laissait en dehors tout le quartier Est de la commune, envers lequel on commettait ainsi un déni de justice.

Ils étaient loin de repousser l'exécution du chemin de Saint-Ferdinand à la gare ; mais ils demandaient que le boulevard de ceinture fût tracé de manière à ce que, en quittant le passage à niveau du chemin de fer, il fût dirigé vers l'extrémité Est de la commune, traversant la route départementale à la hauteur de la pointe de l'Aiguillon et venant rejoindre à

son extrémité Est la rue portant actuellement
le nom de *rue Saint-Honoré,* que forme le
prolongement naturel du boulevard de la
plage.

Cette demande des habitants du quartier
Saint-Ferdinand, du Mouëng et de l'Aiguillon,
était rationnelle ; il était assez difficile de la
repousser, et l'Administration municipale se
vit obligée de lui faire accueil. Seulement, elle
décida que le boulevard de ceinture, après
avoir traversé le passage à niveau, prendrait
le moins possible sur ma propriété, au milieu
de laquelle passe le chemin de fer, et longe-
rait d'un bout à l'autre, du Midi au Nord, la
propriété de MM. Bourdaud et Ribert, pour
aller déboucher sur la route départementale,
à 300 mètres environ de l'extrémité Est du
territoire d'Arcachon.

Un extrait du plan d'Arcachon que je joins
ici facilitera l'intelligence de mon raisonne-
ment.

Cette décision était de nature à ne donner
satisfaction à aucun des intérêts engagés dans
la question. Les habitants du quartier Saint-
Ferdinand, du Mouëng et de l'Aiguillon, y per-
daient la communication courte et facile que

le projet primitif leur promettait avec la gare
du chemin de fer, et ceux du Mouëng et de
l'Aiguillon, spécialement, voyaient consacrer
leur séparation d'avec l'ensemble de la commune, car le boulevard de ceinture allait remonter vers l'Ouest par la route départementale, laissant complètement en dehors de
l'enceinte tout leur quartier.

Ils réclamèrent de nouveau, et je crois savoir que, pour soutenir ce dernier tracé,
M. le Maire mit en avant l'inconvénient d'une
nouvelle modification qui obligerait à em-
prunter encore un passage sur ma propriété,
Cependant, et à force d'instances, les récla-
mants obtinrent que le nouveau tracé serait mo-
difié en ce sens, qu'à 100 mètres environ avant
d'arriver à la route départementale vers l'Est,
il quitterait la propriété de MM. Bourdaud
et Ribert pour traverser la mienne dans l'angle Nord-Est et déboucher sur la route départementale vers l'Est du point désigné dans
le tracé précédent.

Plus tard, le boulevard de ceinture devait
franchir la route départementale, se prolonger
vers l'Aiguillon, et remonter ensuite de l'Est à
l'Ouest par la rue Saint-Honoré jusqu'au bou-

levard de la plage, que l'on rejoindrait à la hauteur de la propriété de M. Bert.

Quelques démarches furent faites auprès de moi pour obtenir la cession du terrain nécessaire à la réalisation de cette dernière modification. J'avoue franchement que je m'y refusai, non pas par cupidité, comme on veut bien le dire (je prouverai tout à l'heure, par les propositions que j'ai faites au Conseil municipal, que je suis loin de mériter ce reproche), mais parce que ce tracé, tourmenté, plein de détours, n'avait rien de ces allures franches, larges, décidées, qui sont la condition première d'une voie destinée à être la plus belle et j'oserai dire la seule promenade que la cité d'Arcachon puisse offrir à ses visiteurs.

Les édiles arcachonnais n'ont alors trouvé rien de plus simple que d'en revenir à leur second tracé, c'est-à-dire à celui qui fait déboucher leur prétendu boulevard de ceinture sur la route départementale, à 300 mètres à l'Ouest avant la limite du territoire d'Arcachon, et sans aucune communication avec le quartier du Mouëng et de l'Aiguillon, qui reste ainsi à l'état de faubourg.

Cette détermination, qui ne puise sa raison d'être que dans le parti pris par Messieurs de la Municipalité d'éviter à tout prix, même au prix de l'absurde, tout contact avec telle ou telle propriété à traverser, ne peut pas être sanctionnée par l'autorité supérieure. Évidemment, le chemin ainsi tracé n'est plus un boulevard de ceinture : ce sera un sentier de plus, pratiqué à travers la forêt, avec l'intelligence qui a dirigé l'établissement des rues comprises entre la mairie et l'allée de l'ancienne chapelle, quartier qu'un haut fonctionnaire administratif appelle si plaisamment *le ventre de M. le Maire*.

Ce qu'il faut faire, ce qui est indispensable, ce qui sera, lors même que l'on persisterait dans la voie malheureuse dans laquelle on veut entrer et que la force des choses finira par faire abandonner, parce que la verité et la raison triomphent tôt ou tard de l'erreur et de l'entêtement, ce qu'il faut, c'est qu'après avoir traversé le passage à niveau, qui est un point de sujétion, le boulevard de ceinture se relève hardiment en franchissant la dune vers l'Est, pour redescendre, par une grande ligne courbe, jusqu'à la route départementale, à

peu près à l'extrémité de la commune. A la
rencontre de cette route et du boulevard, il
serait établi une belle place circulaire qui for-
merait l'entrée principale de la ville d'Arcachon; puis, le boulevard de ceinture, après
avoir traversé la route, descendra vers la
pointe de l'Aiguillon, parallèlement et à cent
mètres environ de la plage de l'Aiguillon qui
fait face à La Teste. Parvenu à l'Aiguillon, le
boulevard de ceinture se relierait à la rue
Saint-Honoré, devenue le prolongement du
boulevard de la plage, et les promeneurs,
après avoir admiré tous les beaux sites de la
forêt traversée par le chemin de ceinture,
jouiront du coup-d'œil intéressant qu'offrent
les élégantes et pittoresques constructions qui
bordent le boulevard de la plage sur un développement de 4,800 mètres, depuis l'Aiguillon
jusqu'à la dune de Bernet. Je dis jusqu'à Bernet, parce qu'il est évident que le prolongement de la route départementale ou du boulevard de la plage dans cette partie, voté
depuis longtemps, et pour lequel des fonds
ont été alloués par le Conseil général, ne peut
être ajourné davantage.

En même temps que ce boulevard de cein-

ture doit s'exécuter dans des conditions que je
viens d'indiquer, il faut aussi relier la chapelle
Saint-Ferdinand à la gare du chemin de fer,
par une avenue de 25 mètres de largeur qui
ira rejoindre l'avenue latérale du chemin de
fer à la rencontre de cette dernière avenue
avec le boulevard de ceinture.

J'entends d'ici Messieurs de la Municipalité d'Arcachon se récrier sur l'impossibilité
d'exécuter ce plan, en raison de la dépense
qu'il entraînerait, en raison surtout des exigences des propriétaires dont il faudrait traverser les terrains, et notamment de ceux dont
la cupidité prétendue est devenue proverbiale
à la Mairie. Eh! Messieurs, est-ce que des
administrateurs de génie, des administrateurs
qui prétendent au titre de fondateurs d'une
cité, s'arrêtent devant de pareilles considé-
rations? Voyez M. de Tourny, quand il a tracé
ces beaux cours qui ont immortalisé son nom,
quand il a ouvert les magnifiques rues de
l'Intendance et du Chapeau-Rouge, qui font
de Bordeaux une des plus belles villes de
France, quand il a ordonné cette façade du
port que tous les étrangers admirent, s'est-il
demandé ce que cela coûterait? Non; il s'est

dit : Cela est beau, cela est digne, cela est grand, donc cela sera. Et, de nos jours, quand, à Paris, on a traversé le cœur de la ville par une voie comme le boulevard de Sébastopol, quand on a créé le boulevard de Malesherbes, quand on a achevé le Louvre, la question de dépense a-t-elle été mise dans la balance? Non sans doute. Il fallait que Paris frappât le monde entier en lui offrant de nouvelles merveilles; les édiles parisiens se sont mis à l'œuvre, des merveilles ont surgi, et l'univers a applaudi.

Au surplus, que vous en coûtera-t-il donc pour établir votre boulevard de ceinture, l'avenue Saint-Ferdinand à la gare, et le prolongement du boulevard de la plage jusqu'à la dune de Bernet, dans les conditions de parcours, de largeur et de bonne confection que j'indiquais tout à l'heure?

Que vous coûteront les terrains? Rien, soyez en certains, car il n'est pas un propriétaire qui ne soit disposé à vous en faire la cession gratuite, le jour où vous présenterez des projets qui indiqueront de votre part l'intention de faire de bonnes, grandes et belles choses. Ceux mêmes que vous considérez comme un obstacle presque invincible à la réalisation de vos plans, seraient les premiers à vous seconder si vous renonciez à vos idées étroites et mesquines.

Que vous coûteront les matériaux? Fort peu de chose, grâce au concours bienveillant que vous prête la Compagnie du Midi, inspirée par M. Émile Pereire, qui s'est voué à la prospérité d'Arcachon.

Reste donc la main-d'œuvre. Convenez que la question de dépense, réduite à ces proportions, n'en est plus une.

D'ailleurs, je vous l'ai déjà dit, et je ne cesserai de vous le répéter : quand on veut établir la renommée d'une cité, quand on veut y appeler les étrangers, sans lesquels il n'y a pas pour elle d'existence possible, c'est par des travaux larges, grandioses et bien entendus qu'il faut procéder. Quelle que soit la dépense que ces travaux entraînent, il est de bonne administration de ne pas hésiter à la faire; c'est une semence qui rapportera des récoltes abondantes.

Maintenant, et avant de quitter cette question d'établissement du boulevard de ceinture et des deux autres voies que je soutiens être indispensables, voyons donc, Messieurs de la Municipalité, quelles sont les prétentions excessives qui, par cupidité, selon vous, entravent tous vos projets d'amélioration :

On vous a refusé, cela est vrai, la cession gratuite de terrains que vous réclamiez pour l'exécution de travaux mal conçus, rétrécis et sans but utile, et en cela on n'a fait qu'appliquer un axiome de l'illustre Royer-Collard, axiome que nous avons pris pour épigraphe de cet écrit. Mais si vous aviez présenté des plans convenables, appropriés aux besoins et aux améliorations réelles de la cité, c'eût été avec empressement que l'on eût secondé vos efforts. Ce qui le prouve c'est la lettre que vous avez reçue récemment et que je transcris ici :

« Arcachon, 10 novembre 1861.

» *A MM. les Membres du Conseil Municipal.*

» MESSIEURS,

» J'ai l'honneur de vous adresser les propositions suivantes :

» 1° De céder gratuitement à la commune le terrain de l'avenue Sainte-Marie, à la condition de rembourser

2

les dépenses des travaux de terrassement et d'empierrement d'après une estimation faite par les agents de la Compagnie du Midi. Ce remboursement pourrait être effectué par annuités.

» 2° De céder gratuitement à la commune le terrain de l'avenue de Saint-Arnaud, depuis l'angle sud-est de la propriété de M. de Tartas jusqu'à la propriété de MM. Morichon et Miran. Cette avenue serait empierrée sur 6 mètres de largeur, bien qu'elle ait 20 mètres. Le sol étant naturellement nivelé, les terrassements seront peu importants.

» 3° De céder gratuitement l'emplacement occupé par les allées de Tourny, depuis l'avenue du château jusqu'à l'avenue Euphrosine. En ce moment les travaux coûtent 44,000 francs. La dune de 15 mètres de hauteur ayant été prise en diagonale, donne un cube en chiffres ronds de 60,000 mètres. Je ne demande rien pour ces travaux; la commune se chargera seulement du procès de la dune du sieur Richon, procès que j'ai soutenu et qui aurait dû l'être par la commune puisqu'il roule sur un terrain qui était destiné à être tôt ou tard livré au public.

» Il résulte de ces diverses propositions, que nous donnerions, Mme Deganne et moi, à la commune :

| | |
|---|---|
| » 1° Avenue Sainte-Marie, 400 mètres de longueur sur 12 mètres, soit 4,800 mètres carrés, à 5 francs. . . . . . . . . . . . . F. | 24,000 |
| » 2° Avenue de Saint-Arnaud, 370 mètres de longueur sur 20 mètres de largeur, soit 7,400 mètres à 2 francs 50 cent. . . . . . . | 18,500 |
| *A reporter*. . . . . F. | 42,500 |

*Report*. . . . . . . . . F. 42,500

» 3° Allées de Tourny, 270 mètres de longueur sur 25 mètres de largeur, soit 6,750
mètres carrés, à 8 francs. . . . . . . . . .  54,000

» 4° Terrassement des allées de Tourny
suivant la nouvelle direction qui évite la
dune du sieur Richon. . . . . . . . . . .  44,000

» Total des sommes que nous céderions. F. 140,500

» Ces trois avenues étant très larges et parfaitement
tracées, la commune est assurée de n'avoir jamais
rien à payer pour redressements ou élargissements de
ces voies.

» Si le Conseil municipal veut bien désigner un ou
plusieurs de ses membres pour s'occuper des détails,
je suis prêt à les entendre; mais si le Conseil ne
prend pas de décision pendant la session qui va s'ouvrir, mes propositions seront nulles.

» Veuillez agréer, etc.

» Ad. DEGANNE. »

Voilà donc l'homme cupide, l'homme dont
l'argent est le seul mobile, qui offre de vous
céder *gratuitement*, GRATUITEMENT entendez-
vous bien :

1° L'avenue de Sainte-Marie, ouverte sur
une longueur de 400 mètres ;

2° L'avenue de Saint-Armand sur une longueur de 370 mètres ;

3° Les allées de Tourny, ouvertes sur une

largeur de 25 mètres, largeur que vous devriez donner à toutes vos voies principales ;

4° Les terrassements des allées de Tourny s'élevant à 44,000 francs.

Il est vrai qu'après vous avoir offert *gratuitement* le terrain occupé par ces trois avenues et les travaux des allées de Tourny, produisant ensemble une somme de 140,500 francs, on vous a demandé de rembourser, *à dire d'experts*, les dépenses faites pour l'une de ces avenues. Mais ces dépenses, n'auriez-vous pas dû y pourvoir vous-mêmes si le propriétaire n'en avait fait les avances ; et pouvez-vous taxer d'exigence immodérée, de cupidité enfin, la demande du remboursement de ces avances *à dire d'experts ?*

Il est vrai encore qu'afin d'éteindre un procès occasionné par la percée des allées de Tourny, on vous demandait de faire votre affaire de ce procès, qui certainement se fût éteint le jour où la personne contre laquelle il était dirigé y eût paru désintéressée.

Il est vrai enfin qu'en récapitulant la valeur des *concessions gratuites* que l'on vous proposait, on était arrivé à un chiffre de 140,500 francs ; mais il n'est pas possible que vous ayez pris le change et que vous vous soyez mépris au point de penser que ce chiffre, que l'on vous indiquait comme valeur des concessions *gratuites* proposées, était réclamé à titre d'indemnité. C'est cependant ce que pourrait donner à penser la réponse que vous avez faite et que je transcris ici :

« Arcachon, 11 novembre 1861.

» *Mairie d'Arcachon.*

» MONSIEUR,

» J'ai communiqué au Conseil municipal, dans sa séance d'hier, la lettre que vous lui avez écrite à la date du même jour, et contenant des propositions relatives à la cession, par M^me Deganne et vous, à la commune, de certaines voies que vous avez ouvertes sur vos propriétés.

» Le Conseil municipal, que vous aviez mis en demeure de se prononcer dans cette session, a trouvé vos propositions trop onéreuses pour la commune et ne les a pas acceptées.

» Agréez, Monsieur, etc.

» *Pour le Maire* EMPÊCHÉ,

» *L'adjoint* : LUSSON THOMAS.

Ainsi, Messieurs, dans votre session constitutionnelle du 10 novembre, qui a duré environ une demi-heure, vous avez eu le loisir d'examiner avec maturité les diverses affaires qui vous ont été soumises, et notamment la proposition que je viens de rappeler, qui, à elle seule, eût peut-être mérité quelques heures d'étude et les honneurs d'un renvoi à une Commission. Je désire que ceux qui ont concouru à cette décision n'éprouvent jamais aucun regret d'un refus aussi mal motivé.

Quant à moi, j'ai tenu à prouver, par l'exposé fidèle que je viens de faire, que la proposition si cavalièrement repoussée, était empreinte d'un caractère de loyauté, de désintéressement et de véritable amour du pays qui ne justifie en rien l'accusation de cupidité trop légèrement répandue à cette occasion.

Et quand je dis que la mesquinerie des idées des Administrateurs d'Arcachon me met en défiance contre leurs projets et m'empêche d'en seconder l'exécution par un concours gratuit et volontaire, ai-je donc si grand tort ? Qu'a-t-elle fait cette Administration dont les coryphées exaltent tant le mérite ?

Elle a commencé par laisser détruire la magnifique avenue de chênes séculaires qui

conduisait de la plage du bassin à l'ancienne
chapelle. Cette avenue était-elle donc trop
large? Les arbres qui la décoraient étaient-
ils donc trop beaux? Ces arbres, on les a laissé
abattre, et l'avenue a été réduite aux minces
proportions d'une rue.

Elle a fait construire une Mairie que l'on
décore de temps en temps du nom pompeux
d'*Hôtel-de-Ville*. Cette Mairie a pour vestibule
un marché, et vous ne pouvez arriver à M. le
Maire ou à MM. les Membres du Conseil
municipal qu'en foulant aux pieds des débris
de poisson, de légumes de toute sorte, et en
grimpant un escalier en bois qui ne ressemble
pas mal à celui d'un pigeonnier. Pour combler
la mesure, elle a laissé inscrire sur la façade
du bâtiment, à côté du titre *Mairie,* celui de
*Charcuterie.* Accouplement étrange qui donne
à rire à plus d'un mauvais plaisant. Évidemment ce bâtiment ridicule, avec les émanations
infectes de son vestibule, ne peut pas être
conservé pour sa destination d'Hôtel-de-Ville.
Il faut qu'on le vende, et on le vendra, ne
fût-ce qu'à l'industriel qui a si audacieusement
placé son enseigne à côté de celle de l'Administration municipale. Eh! à quoi sert une

Mairie, surtout ainsi placée? Dans la saison
des bains, les gens qui ont l'odorat un peu
délicat se gardent bien d'en approcher. Dans
l'hiver, personne n'y a affaire, si ce n'est pour
les déclarations de naissance, de décès, ou les
mariages, ce qui se ferait tout aussi bien chez
M. le Maire ou chez son Adjoint; et quant
à MM. les Conseillers municipaux, pour la
demi-heure par trimestre qu'ils emploient
aux graves et sérieuses délibérations qui intéressent la commune, ils la passeront tout aussi
bien et tout aussi utilement dans le salon de
M. le Maire. Que l'on se débarrasse donc de
cet édifice à deux fins, sauf, plus tard, et
lorsque les circonstances le permettront, à
construire un hôtel-de-ville digne, par sa posi-
tion et par ses proportions, du bel avenir réservé à Arcachon, et surtout de la visite tant
et si justement désirée du Chef de l'État, que
la Municipalité d'Arcachon serait, dans l'état
actuel des choses, bien embarrassée de recevoir, car elle ne voudrait probablement pas
accepter pour ce noble usage le seul édifice
qui en soit digne.

Elle a voulu donner de l'eau potable et lim-
pide aux habitants et aux visiteurs d'Arca-

chon. Certes, l'intention était louable; mais on s'y est pris avec tant d'habileté, que cette eau, si impatiemment attendue, s'est convertie en brouillard, et qu'après avoir dépensé en pure perte une somme assez ronde, on a dû, pour essayer de faire disparaître les traces de cette déconvenue administrative, enlever les bornes-fontaines, sans espoir de retour. Que n'a-t-on pu en même temps enlever les tuyaux qui gisent encore sous la terre, et démolir le château-d'eau et le moulin à vent sur lesquels reposait tout l'espoir de cette malencontreuse opération, et qui se maintiennent là comme preuves matérielles et très palpables de l'inhabileté des Administrateurs. Mais pour opérer cette démolition et cet enlèvement il aurait fallu ajouter d'autres dépenses à celles qui ont été faites, et certes ce serait le cas de répéter aux honorables négociants qui font partie du Conseil municipal d'Arcachon, la question que M. Lavertujon, dans sa brochure sur les eaux de Bordeaux, adresse à l'Adjoint chargé des travaux publics de cette ville : « MM. Célérié, Nath. Johnston, Gièse et Fonteneau, sont des hommes très intelligents, des négociants habiles et distingués : qu'ils nous disent combien de temps ils garderaient dans les bureaux de leurs maisons de commerce des employés qui géreraient leurs affaires aussi bien qu'on a géré celles de la ville d'Arcachon dans l'entreprise des eaux? »

On a évalué à un quart de la dépense totale les sommes mal employées dans la construction des fontaines de Bordeaux; à Arcachon, non seulement tout est perdu, mais il faudra de nouvelles dépenses pour détruire ce qui reste.

Elle a décrété l'empierrement des petites rues qui conduisent de la route départementale au bassin. Rien n'était plus simple, plus élémentaire que l'empierrement de ces rues. Il fallait prendre l'axe de la route, et à l'autre extrémité la laisse des hautes marées, et empierrer à plein-voyant, c'est-à-dire en pente uniforme. De cette manière, les eaux pluviales étaient dirigées vers le bassin. Au lieu de cela, on a fait des rues en dos-d'âne, versant au Midi sur la route, au Nord dans le bassin. Quelques-unes de ces rues ont même été gravées avec si peu de soin, qu'aujourd'hui la grave a disparu sous le sable, et que la circu-

lation, soit à pied, soit en voiture, y est devenue plus difficile et plus fatigante qu'auparavant, alors que l'on circulait sur un terrain
battu. Ce sont encore des travaux à refaire,
car il ne suffit pas de dire nos rues sont em-
pierrées, il faut encore que cet empierrement
soit fait selon les règles de l'art.

Elle a créé un garde-champêtre dont la
fonction la plus apparente est d'aller à la poste
chercher les lettres et les journaux de M. le
Maire, qu'il soit absent ou présent ; et cependant le *Manuel du Maire,* par Paul Cère, à la
page 5, nous dit : « On ne doit jamais oublier
» que le garde-champêtre n'est pas payé pour
» faire les courses du Maire au détriment de
» la surveillance due aux autres habitants. »

Elle a subventionné sur les fonds de la commune un journal qui se publie tous les étés,
du 1er juillet au 15 octobre. Le but principal,
sinon unique, de ce journal, paraît être de
chanter les louanges de l'Administration municipale et de ses adhérents. Pour paraton-
nerre contre les foudres du parquet, cet heureux journal a la collaboration et emprunte la
signature de M. le Maire, sous l'égide de qui
il ose parcourir les horizons les plus vastes ;

tandis qu'un journal rival s'est vu condamner à la prison pour un article de voirie, thèse érigée par la jurisprudence en dissertation sociale et politique.

Si à cette triste nomenclature des faits, gestes et travaux de la Municipalité d'Arcachon, nous opposons ce qui a été fait par d'autres et sans elle, nous trouvons :

En première ligne, la prolongation du chemin de fer ;

La belle avenue latérale à la gare ;

L'avenue qui conduit de la gare à la route départementale, en face du château ;

Le château lui-même ;

L'avenue Euphrosine ;

L'avenue de Saint-Arnaud ;

L'avenue Sainte-Marie ;

(Toutes ces voies sont développées sur une largeur imposante.)

L'église paroissiale et son clocher, dus uniquement au zèle et à la persévérance de M. le curé Mouls ;

La chapelle Saint-Ferdinand, que les sacrifices personnels de M. Célérié et des divers propriétaires du quartier ont fait édifier ;

Et enfin de belles et nombreuses villas dont

la pittoresque élégance et le confortable intérieur charment les étrangers et les convient
au retour.

Certes si ce que vous avez fait avait été
conçu et exécuté avec cet amour du grand et
du beau qui a présidé à tout ce que vous n'a-
vez pas fait, chacun de nous, soyez-en sûrs,
Messieurs de la Municipalité, eût considéré
comme un devoir de vous seconder dans l'exécution de vos projets, et, sous l'impulsion de
nos efforts communs, Arcachon eût pris un
aspect grandiose et digne des destinées qui
lui sont réservées, je l'espère. Mais tant que
vous vous obstinerez à rester dans la voie
routinière où vous êtes entrés, tant que vous
préférerez la flatterie à la vérité, aux conseils
sincères et désintéressés, tant que vous n'é-
couterez que vos préventions, tant que vos
projets d'amélioration conserveront ces allures
écourtées et mesquines qui ne donnent satisfaction à aucun des besoins présents ou à
venir, ne comptez pas sur notre concours, et
ne soyez pas surpris de nous voir enrayer, par
tous les moyens en notre pouvoir, le char administratif que votre aveuglement conduit à
l'abîme.

Je suis loin de me flatter que mes paroles puissent exercer la moindre influence sur vos déterminations et vous ramener dans la voie que je crois la plus sûre et la plus avantageuse au pays; mais j'ai cru nécessaire, pour beaucoup de personnes (surtout pour une) aux yeux desquelles vous travestissez nos intentions, de publier les véritables motifs de l'opposition dont vous vous plaignez constamment et avec tant d'amertume. Je laisse à ceux qui vous ont entendus et qui me liront à juger entre nous.

Arcachon, 25 novembre 1861.

# RÉPONSE

# A MONSIEUR LAMARQUE DE PLAISANCE

# A MONSIEUR

# LAMARQUE DE PLAISANCE

CHEVALIER DE LA LÉGION-D'HONNEUR,
ANCIEN MAIRE DE COCUMONT, ANCIEN MEMBRE DU CONSEIL GÉNÉRAL
DE LOT-ET-GARONNE,
MAIRE DE LA VILLE ET COMMUNE D'ARCACHON,
MEMBRE DU CONSEIL GÉNÉRAL DE LA GIRONDE,

------

MONSIEUR,

Vous voyez qu'en rappelant soigneusement
les différents titres honorifiques dont vous
êtes ou avez été revêtu, je cherche à profiter
des leçons de convenance que vous avez eu
l'intention de me donner dans votre brochure ;
je tiens à cœur de n'en omettre aucun ; j'aurais dû peut-être ajouter : *Membre de plusieurs
Sociétés savantes*, car vous devez certaine-

exemple; et, franchement, si je ne dédaignais pas, si je ne considérais pas comme trop au-dessous de moi de vous suivre sur le terrain des personnalités, croyez-vous que les rieurs seraient de votre côté?

Vous ne vous êtes pas contenté de m'attaquer personnellement; pour satisfaire vos rancunes électorales, vous avez pris à partie un homme honorable qui n'avait rien à voir dans vos démêlés avec moi, et qui saura bien, je le pense du moins, vous faire repentir de votre outrecuidance. En vérité, Monsieur, cela est bien loin de cette réputation d'homme à idées grandes et généreuses à laquelle vous prétendez.

Passons à l'examen sommaire de votre brochure :

Aux pages 6, 7 et 8, vous m'accusez d'avoir cherché à ameuter la presse contre vous, et d'avoir pris part à la rédaction de certains articles qui paraissent vous avoir violemment contrarié. Cela est... inexact, Monsieur. Jamais je n'ai concouru à la rédaction des journaux dont vous parlez, et si je l'avais fait, je vous prie de croire qu'il ne m'en coûterait rien de le déclarer. Je n'ai

point non plus, comme vous le dites, servi
de parrain au *Phare d'Arcachon,* dont vous
vous complaisez à faire l'oraison funèbre,
comme Brutus aurait pu prononcer celle de
César. Je vous l'avoue, le sourire satanique
avec lequel vous rappelez la condamnation
de ce pauvre petit journal me ferait croire
au bruit qui avait couru dans le temps et
auquel j'avais toujours refusé d'ajouter foi,
que, pendant que l'on jugeait votre victime,
vous assistiez à l'audience, caché au milieu
de la foule qui compose habituellement l'au-
ditoire de la police correctionnelle, et qu'à
peine le jugement rendu, vous vous étiez
empressé d'expédier une dépêche télégraphi-
que à une dame de votre connaissance à
Arcachon, laquelle avait eu le soin de venir
la communiquer à un voisin de l'épouse du
rédacteur-gérant du journal, afin que celle-ci
pût connaître plus tôt le sort de son mari.
Si cela est vrai, Monsieur, convenez que vos
plaisanteries sur un pareil sujet seraient assez
malséantes.

Il n'y a pas jusqu'à mon pauvre prote qui
ne soit flagellé par vous, pour avoir laissé
imprimer le mot *inhabilité,* au lieu de

*inhabileté.* Savez-vous, Monsieur, que vous êtes un terrible puriste. Il est vrai que je n'ai pas, comme vous, passé six semaines à Bordeaux, dans mon imprimerie, pour surveiller le travail du prote, laissant aller, comme elles ont pu, les affaires de la commune, dont vous êtes cependant le seul soutien. Et pourtant, vous aviez, pour vous aider dans ce travail de surveillance, les trois collaborateurs à votre œuvre, journalistes comme vous depuis trente ans.

Ce que vous dites, à la page 11, du voyage que j'ai entrepris au moment de la publication de ma brochure, vous a fourni un mot délicieux : la comparaison que vous faites de moi avec le pivert. Il est fâcheux seulement que votre police, cependant si bien faite, ne vous ait pas dit, que, loin de m'arrêter à Paris pour y juger de l'effet des coups portés par ma brochure, je n'avais fait que le traverser pour prendre le chemin de fer de l'Ouest. Les numéros de consigne de ce chemin de fer, 2897 à l'aller et 3740 au retour, qui sont encore sur ma malle avec leur date, et que vous pouvez envoyer vérifier par votre sergent de ville, sont là pour prouver la fausseté de votre assertion.

Vos chiffres sont aussi peu exacts que vos paroles. Au lieu de 70 hectares que vous signalez à la page 16 comme nous appartenant, c'est 100 hectares que vous auriez dû dire, et ces 100 hectares ne sont pas la propriété de M^me Deganne, comme vous le dites à la page 20 : 50 appartiennent à M^me Deganne, et 50 ont été achetés par moi : voilà la vérité.

Aux pages 17 et 18, vous feignez à dessein de vous méprendre sur ce que j'ai voulu dire en vous reprochant d'établir des voies trop étroites, alors surtout que vous taillez en plein drap. Vous vous livrez à un magnifique calcul pour prouver à quelle énorme dépense entraînerait l'élargissement de la route départementale, qu'il vous plaît d'appeler *boulevard de la plage*. Nouveau Don Quichotte, vous créez des moulins à vent pour vous donner le plaisir de les combattre. Vous passez pour un homme de beaucoup d'esprit, Monsieur ; j'ai donc le droit de dire que c'est avec intention que vous avez travesti ma pensée, car vous saviez fort bien qu'en vous reprochant de tracer des voies trop étroites, alors que vous tailliez en plein drap, je n'entendais parler que des chemins que vous avez créés ou que vous projetez *en pleine forêt.*

Vous n'êtes pas de meilleure foi lorsque, aux pages 20 et 21, en citant un acte de vente par moi consenti, et par lequel je déclare donner servitude de passage sur un terrain d'un mètre de largeur, vous feignez de confondre cela avec un chemin par moi créé, et vous vous écriez d'un air de triomphe : *Quand vous donnez, 1 mètre vous suffit; quand vous vendez, il en faut 25.* Vous savez aussi bien que moi, mieux que moi peut-être, car on m'assure que vous avez été avocat, qu'une servitude de passage n'est pas un chemin. La servitude de passage ne peut être exercée que par celui à qui elle a été concédée; le chemin, au contraire, est public et peut être fréquenté par tout le monde.

Vous n'ignorez pas que les allées de Tourny ont été projetées à l'alignement de la propriété de votre ami Richon; c'est donc pour ne pas perdre l'habitude d'être inexact, qu'à la page 24 de votre brochure, vous prétendez qu'elles passent à un mètre des terrains par moi vendus.

Que dire de la lettre citée par vous à la

page 28, sinon que la personne par qui vous l'avez fait signer est pour vous d'un dévouement qui va quelquefois jusqu'à la faiblesse, et que ce n'est pas, je pense, le premier travail dû à votre commune collaboration?

M. le curé d'Arcachon n'a pas pu vous rapporter les paroles que vous m'attribuez à la page 31. Je n'en ai aucun souvenir ; et si, ce que je dénie d'ailleurs complètement, j'avais pu, en plaisantant avec lui, faire quelque allusion aux motifs dont vous parlez, je ne crois pas possible qu'il se soit oublié au point de divulguer une conversation purement confidentielle.

Vous dites, à votre page 32, que les habitants des quartiers du Mouëng et de l'Aiguillon ne se plaignent pas de votre tracé du chemin de ceinture, à partir du passage à niveau, au nord de la voie ferrée. Vous savez pourtant qu'ils ont fait des représentations à ce sujet, puisqu'à la page 33 vous convenez que, partageant leur opinion, vous avez demandé et obtenu du Conseil municipal une déviation au premier projet, déviation à laquelle, dites-vous, il avait fallu renoncer par suite de mon refus de céder le terrain

nécessaire, parce que je tenais à faire passer
le chemin de ceinture uniquement dans mes
propriétés (page 34) ; puis, à la page 35, vous
attribuez à M. Célérier le projet d'un chemin
venant de la gare à Saint-Ferdinand.

Permettez-moi, Monsieur, pour répondre à
ces diverses citations, de traiter à fond la
question des voies qui, selon moi, doivent
être tracées depuis la gare jusqu'à la Pointe
de l'Aiguillon, pour desservir tout le quartier
*Est* d'Arcachon.

Le quartier *Est* d'Arcachon a été jusqu'à
présent, vous n'en disconviendrez pas, beaucoup moins favorisé dans vos projets que le
quartier que vous habitez. Si je m'en plains,
ce n'est pas par esprit d'intérêt particulier,
car mes propriétés s'étendent au moins autant
et même plus dans les quartiers du centre et
de l'Ouest, que dans celui de l'Est : c'est
uniquement par un esprit de justice distributive, qui m'a toujours paru devoir être la
règle de conduite d'un bon administrateur.

Quand, après avoir épuisé vos faveurs au
profit des quartiers qui vous entourent, vous
avez enfin songé à tourner vos yeux vers
l'Est de la commune, qu'avez-vous fait pour les

quartiers de Saint-Ferdinand, du Mouëng et de l'Aiguillon, qui occupent toute cette zone? Vous avez, il est vrai, autorisé les habitants ou propriétaires de ces quartiers à élargir, niveler et graver, *à leurs frais,* sauf les graviers que l'on doit à la bénévolence de la Compagnie du Midi, l'avenue Saint-Honoré, depuis la route départementale jusqu'à l'Aiguillon. Mais à ces faveurs assez chèrement achetées, qu'avez-vous ajouté pour favoriser le développement de ces quartiers par l'ouverture de voies nouvelles sur lesquelles la population ouvrière et commerçante, qui tend à s'y fixer, puisse établir ses habitations? Vous avez proposé le prolongement de votre boulevard ou chemin de ceinture, depuis le passage à niveau du chemin de fer jusqu'à la route départementale, sans prolongement raisonnablement possible depuis cette route jusqu'à l'extrémité *Est* de l'avenue Saint-Honoré. Vous avez proposé, ou du moins M. Célérié a proposé, dites-vous, un chemin venant de la gare sur Saint-Ferdinand. En quoi, je vous prie, ces deux voies, même exécutées dans des conditions convenables, peuvent-elles aider au développement des quartiers de Saint-Ferdinand, du Mouëng et de l'Aiguillon? La dernière raccourcira, il est vrai, le trajet pour se rendre de ces quartiers à la gare. Quant à la première, elle laisse le Mouëng et l'Aiguillon complètement en dehors, et ne pourra tout au plus profiter qu'aux promeneurs. Mais pour attirer, dans l'intérieur de ces quartiers, les constructions nécessaires à la population que ses affaires y appellent, à quoi serviront ces deux voies? Évidemment à rien.

Dans le plan que j'ai publié, j'en ai proposé deux qui rendraient les deux vôtres superflues, et qui, servant d'artères principales à la portion *Est* d'Arcachon, permettraient ensuite aux propriétaires riverains de découper leurs terrains pour faciliter les constructions, et d'ouvrir chez eux des voies secondaires qui viendraient se rattacher, de l'une ou l'autre de ces grandes voies principales, soit à la route départementale, soit à l'avenue Saint-Honoré, soit à la plage du bassin qui fait face à La Teste.

Ces deux avenues, qui rendraient faciles et abrégeraient pour tous les habitants de la partie *Est* les communications avec la forêt et avec le chemin de fer, remplaceraient avec avantage votre projet, incomplet et inadmissible, du boulevard de ceinture au Nord de la voie ferrée, et votre projet, ou celui de M. Célérié, de chemin direct de la gare à Saint-Ferdinand.

Il est évident, comme je le disais tout à l'heure, qu'à ces deux grandes artères, découpant toute la partie *Est*, viendraient avant peu se rattacher les voies accessoires que l'intérêt des propriétaires les porteraient à ouvrir pour faciliter la vente de leurs terrains.

Voilà ce que j'ai proposé, Monsieur, et ce que je soutiens valoir infiniment mieux que vos projets *mesquins et écourtés* (je suis bien obligé de me servir des mêmes expressions toutes les fois que je me retrouve en présence des petites idées qui me les ont arrachées); voilà ce qui me paraît devoir servir beaucoup plus utilement les véritables intérêts des habitants et des propriétaires de la partie d'Arcachon dont nous nous occupons dans ce moment.

A cela qu'opposez-vous, Monsieur? Trois raisons, si je ne me trompe, ou plutôt trois prétextes :

1° Les tracés que j'indique ne sont proposés par moi que parce qu'ils traversent mes propriétés sur une grande étendue;

2° La largeur que je demande pour ces deux grandes artères est trop considérable et trop peu en rapport avec les ressources de la commune;

3° Enfin, je suis tellement intéressé, tellement exigeant dans les indemnités à m'allouer pour les terrains que l'on me prend, que vous ne pouvez pas vous résoudre à accepter un tracé qui vous obligerait à me traverser.

Et d'abord, est-ce bien réellement mon intérêt personnel qui m'a guidé dans l'indication du tracé des deux grandes voies que je propose? Prenons le plan, s'il vous plaît.

Le prolongement de l'avenue latérale à l'Aiguillon entre dans mes propriétés ou celles de M^me Deganne, et les traverse sur une longueur d'environ 600 mètres; après moi, viennent MM. Bourdaud et Ribert, qui sont traversés jusqu'au-delà de la route départementale sur une longueur d'environ 800 mètres; puis enfin viennent MM. Grenié et Bourdain, qui seraient traversés sur une longueur d'environ 350 mètres. Vous le voyez, ce n'est pas moi qui ai le plus d'intérêt à l'ouverture de cette voie, puisque, sur un développement d'environ 1,800 mètres, je n'ai que le tiers. Ce sont MM. Bourdaud et Ribert qui en retireront le plus grand avantage. Remarquez même qu'en proposant l'ouverture chez moi d'une voie prolongée vers l'Est et traversant les propriétés de mes voisins sur une longueur considérable, je fais une chose qui me sera en réalité plus nuisible qu'utile ; car je crée, au profit de mes voisins, une concurrence redoutable pour mes terrains, qui, se trouvant sur tous les points en communication avec la gare, pourraient se passer de ce nouveau débouché. Mais je ne considère que l'intérêt général.

Vous trouvez trop considérable la largeur de 25 mètres que je demande. C'est celle que j'ai donnée à l'avenue latérale et à celle qui se dirige sur le château, et que tout le monde admire, même vous, Monsieur. Quel inconvénient trouvez-vous donc à être prévoyant, en vous assurant, par un classement à 25 mètres pour ces voies principales, les moyens de pourvoir sans embarras aux nécessités de l'avenir? Si vos ressources ne vous permettent pas d'exécuter les travaux sur cette largeur, n'ouvrez que sur 15 mètres, sur 10 mètres, si vous ne pouvez pas faire mieux ; mais classez à 25 mètres, et assurez-vous des terrains, de manière à ce qu'il ne puisse pas venir s'élever, sur les bords de la route de 15 ou de 10 mètres, des constructions qui, pour l'avenir, seraient un obstacle presque invincible à l'exécution de ce qui, j'espère, vous deviendra indispensable. Pensez-vous, que si, lorsqu'on a ouvert la route départementale, on avait eu la prescience de l'avenir, et si l'on s'était réservé les moyens de l'élargir selon les besoins possibles, on n'aurait pas mieux fait? Si l'on a involontairement failli sur ce point là, n'imitez pas cette faute en refusant les moyens que l'on vous offre de faire autrement. Les grandes voies élèvent les cités dans l'opinion de ceux qui les visitent.

Enfin, même au préjudice de l'intérêt général, dont vous vous targuez cependant d'être le seul véritable défenseur, vous écartez autant qu'il dépend de vous tous les projets qui nécessitent la traverse de mes propriétés, parce que, dites-vous, vous redoutez mon esprit difficultueux et mon âpreté.

Il n'est pire sourd que celui qui ne veut pas entendre, Monsieur. J'ai dit et écrit que toutes les fois que vous projetteriez l'établissement de voies qui ne me paraîtraient pas être dans l'intérêt de la commune, ou dont les proportions me paraîtraient être peu en rapport avec le développement auquel nous devons prétendre, je ne m'y prêterais pas, et j'attendrais l'expropriation, dans l'espoir, peut-être un peu aventuré, que cette attitude finira par vous ramener à des idées saines; mais que lorsque vous reviendriez à des projets que le bon goût et l'intérêt public commandent, je m'empresserais de céder gratuitement les terrains nécessaires. Cela, je l'ai dit et répété à satiété, non pas à vous, Monsieur, puisque, Dieu merci, nous ne nous parlons que par imprimés ou par ministère d'huissier, mais à toutes les personnes qui vous approchent. Je l'ai dit, à propos des deux chemins dont je viens de m'occuper, à M. Célérié lui-même, un jour qu'il me demandait l'explication d'une réponse que je lui avais fait faire à une proposition de m'acheter

10 mètres pour le chemin par lui projeté ; je lui avais fait répondre que je ne vendais pas 10 mètres, mais que j'en donnais 25. Il y a même cela de particulier, que ce même jour M. Célérié, examinant en ma présence et celle d'un tiers mon plan de ces deux chemins, y donna son entière approbation ; ce qui ne l'a pas empêché, quelques jours après, de vous faire la proposition dont vous parlez. J'ai fait mieux, et je vous ai annoncé mes intentions à cet égard, dans un acte que je vous ai fait signifier et que je transcris ici pour éviter que vous ne posiez une énigme à vos lecteurs en vous bornant à leur indiquer le nom de l'huissier et le coût de l'acte :

« L'an mil huit cent soixante-deux, le huit avril, à la requête de M. Adalbert Deganne, propriétaire, et de Mme Nelly Robert, son épouse, également propriétaire, qu'il autorise, demeurant tous deux à Arcachon, canton de La Teste ;

» Nous, Pierre Larroque, huissier de l'arrondissement de Bordeaux et audiencier près la justice de paix du canton de La Teste, demeurant dite commune de La Teste, soussigné ;

» Avons dit, déclaré et signifié à M. Lamarque de Plaisance, pris en sa qualité de Maire de la commune d'Arcachon, demeurant à Arcachon :

» Que, par suite de délibérations du Conseil municipal de la commune d'Arcachon, l'Administration
municipale de ladite commune a ouvert une enquête
sur un projet de classement de plusieurs chemins,
et notamment :

» 1° Un chemin auquel on paraît vouloir donner le
nom de *chemin du Cimetière*, et qui, partant de
l'église paroissiale, se dirigerait vers le Sud-Ouest, en
traversant une propriété de M^me Deganne ;

» 2° Un chemin destiné à servir de prolongement,
vers l'Ouest, à la route départementale n° 4, lequel
traverserait une parcelle de terrain appartenant à
M. Deganne ;

» 3° Un chemin destiné à servir de prolongement au
chemin de ceinture de la commune, et se dirigeant du
passage à niveau du chemin de fer vers la route départementale, en traversant d'abord les propriétés de
M. Deganne et ensuite celles de MM. Bourdaud et
Ribert ;

» 4° Un chemin destiné à établir une communication
de la gare du chemin de fer à la chapelle Saint-Ferdinand, en traversant les propriétés de M^me Deganne,
celles de M. Legallais, des héritiers Pontac ou de leurs
acquéreurs, et celles de M. Célério ;

» 5° Enfin, une rue à laquelle on paraît vouloir
donner le nom de *rue Richon*, allant de l'avenue de
Tourny au cours Desbiey ;

» Que l'Administration municipale d'Arcachon ayant
manifesté l'intention d'agir à l'égard de ces chemins en
vertu de la loi du 21 mai 1836, comme s'il s'agissait
simplement du redressement ou de l'élargissement de

chemins vicinaux déjà existants, les requérants, par l'organe de M. Deganne, l'un d'eux, ayant agi tant en son nom personnel qu'en sa qualité de mari, ont cru devoir protester, par un dire dans l'enquête ouverte contre ce projet de classement, tant à cause du projet lui-même, qui ne paraît pas devoir donner satisfaction aux véritables intérêts de la commune, qu'à raison de la méprise faite sous le rapport de la loi applicable aux circonstances;

» Qu'en effet, aucun des prétendus chemins que l'Administration municipale veut classer, en procédant à leur égard par voie de redressement ou d'élargissement, n'est et n'a jamais été un chemin public;

» Que les deux premiers sont tout simplement des chemins de servitude, sur lesquels un droit de passage pourrait exister, pour le premier au profit de la propriété Roumegous, et pour le second au profit de la propriété Méran; mais que M. et Mme Deganne, rachetées que soient leurs propriétés du droit d'usage, ont incontestablement le droit de clore leurs propriétés et par conséquent lesdits chemins de servitude, en fournissant aux voisins qui justifieraient d'un droit à cet égard, les moyens d'exercer leur passage;

» Que nulle loi ne donne à la commune le droit de rendre public, sans expropriation préalable, un simple chemin de servitude;

» Que pour les troisième et quatrième chemins ci-dessus cités, on n'a pas même le prétexte d'un chemin déjà existant; que cette partie de la forêt d'Arcachon étant, comme toutes celles non encore rachetées, soumise à un droit d'usage et de parcours, des sentiers se sont formés partout et dans tous les sens, sans que pour cela ces sentiers puissent être considérés comme des chemins publics; car il est incontestable que le jour où les propriétaires de ces parcelles voudront les racheter du droit d'usage, ils auront non-seulement le droit, mais encore le devoir de se clore, sans que personne puisse exciper de l'existence de ces sentiers pour mettre obstacle à leur clôture complète;

» Que ce que l'on veut appeler *rue Richon* n'a jamais été un chemin public, mais seulement un passage concédé par M^me Deganne par acte notarié, uniquement pour le service de la propriété Duprat; en sorte que ce chemin se trouve dans la même catégorie que ceux portant les n^os 1 et 2 ci-dessus;

» Qu'en s'opposant au classement projeté par l'Administration municipale, les requérants ne sont point guidés, comme on pourrait le dire, par l'unique désir de contrarier ces projets, mais bien par la conviction intime que ces projets sont plus nuisibles qu'utiles au bien général de la commune;

» Qu'en effet, M. Deganne a proposé lui-même, en remplacement des chemins projetés et désignés ci-dessus, sous les n^os 2, 3 et 4, trois autres chemins évidemment plus avantageux et plus économiques pour la commune :

» L'un, qui remplacerait le n^o 2, consisterait dans la prolongation, vers l'Ouest, du prolongement de la route départementale jusqu'à la rencontre de l'avenue Sainte-Marie, évitant ainsi l'expropriation de six parcelles;

» Les deux autres remplaçant les n^os 3 et 4 ci dessus, consisteraient en un prolongement de l'avenue latérale

existant au nord de la gare, jusqu'à la pointe de l'Aiguillon, et un chemin croisant celui-ci, venant du
passage à niveau à la chapelle Saint-Ferdinand;

» Que des explications qui viennent d'être ci-dessus
données, il résulte que si l'Administration municipale
persiste dans son projet de classement, c'est d'après la
loi du 3 mai 1841 qu'elle doit opérer, et non d'après
celle du 21 mai 1836;

» En conséquence, et ès mêmes requêtes que ci-dessus,
nous huissier, susdit et soussigné, avons très expres-
sément signifié et déclaré à mondit sieur Lamarque, en
la qualité qu'il est pris, que les requérants s'opposent
de la manière la plus formelle à ce qu'il soit passé outre
au classement projeté, ni à l'occupation, pour l'exécution dudit classement, d'aucune parcelle des terrains
appartenant auxdits requérants, sans qu'au préalable
les formalités prescrites par la loi du 3 mai 1841 aient
été scrupuleusement remplies, protestant, faute de ce,
de tous dépens, dommages et intérêts contre qui de droit;

» Dont acte.

» Fait à Arcachon, au domicile de M. Lamarque de
Plaisance, où pour lui, en la qualité qu'il est pris, nous
avons laissé copie des présentes, parlant à lui-même,
qui l'a reçue et a visé le présent original, conformément
à la loi.

» Coût : dix francs vingt-cinq centimes.

» LARROQUE. »

Vous prétendez, à votre page 32, que les
habitants du Mouëng sont satisfaits de vos
chemins projetés et ne se plaignent pas.

Qu'ils ne se plaignent pas, cela est possible. Ils savent que leurs plaintes courraient grand risque de ne pas être écoutées et d'être mises au panier. Mais qu'ils soient satisfaits de votre chemin de ceinture arrivant au beau milieu de la route départementale, à 300 mètres de la limite de la commune dont ils forment l'extrémité, les laissant ainsi à l'état de faubourgs; qu'ils soient satisfaits d'un chemin allant de Saint-Ferdinand à la gare, les laissant sans communication directe avec le passage à niveau et les villas d'hiver, c'est ce que je nie. Et je n'en veux d'autre preuve qu'une lettre que plusieurs d'entre eux m'ont écrite, et qui témoigne de leur désir de faire adopter les deux chemins par moi proposés. Voici cette lettre :

« Arcachon, 2 avril 1862.

» *A M. Deganne, propriétaire à Arcachon.*

» Monsieur,

» Les propriétaires des quartiers de Saint-Ferdinand, du Mouëng et de l'Aiguillon, ont pris avec le plus vif intérêt connaissance du projet publié par vous d'établir dans Arcachon deux grandes et belles voies, dont l'une, prolongeant l'avenue latérale existante au nord de la gare du chemin de fer, se dirigerait vers la pointe

de l'Aiguillon, où elle irait faire jonction avec l'avenue
Saint-Honoré, devenue aujourd'hui le prolongement
du boulevard de la plage; et l'autre, croisant la précé-
dente, se dirigerait du passage à niveau qui commu-
nique avec le côté Midi de la gare, vers la chapelle
Saint-Ferdinand, se reliant sur ce point au boulevard
de la plage.

» Ils vous remercient d'avoir mis au jour ce projet
dont la réalisation aurait pour effet le développement
certain de leurs quartiers, en favorisant leur communication directe, soit avec la gare, soit avec la Ville
d'hiver que la Compagnie du Midi crée dans ce
moment.

» Désireux de contribuer de tout leur pouvoir au
succès de ce projet, auquel l'avenir de cette partie
d'Arcachon leur paraît attaché, ils ont tenté quelques
démarches officieuses qui leur donnent l'espoir de
faire adopter par l'Administration municipale le tracé
de ces deux voies, aux conditions suivantes :

1° Que le tracé et la largeur pourraient être modifiés
en raison des accidents de terrain et en proportion
des ressources de la commune, mais en maintenant
comme points fixes et invariables : pour l'une de ces
voies, l'avenue latérale au nord de la gare et le rond-
point de la pointe de l'Aiguillon, et pour l'autre, le
passage à niveau et la chapelle Saint-Ferdinand ;

» 2° Que les terrains à occuper pour l'établissement
de ces deux voies seraient cédés gratuitement à la
commune par les propriétaires traversés, c'est-à-dire
par vous, par MM. Bourdeau et Ribert, par MM. Grenié et Bourdain, et par M. Célérié.

» Avant de faire auprès de l'Administration municipale une demande définitive pour obtenir le classement
de ces deux voies par vous proposées, en remplacement
de celle qui a été récemment adoptée de la gare à
Saint-Ferdinand, et qui serait beaucoup moins favorable
que votre projet au développement de notre quartier,
nous avons besoin, Monsieur, que vous soyez assez
bon pour nous dire, d'une manière catégorique, si vous
adoptez les deux conditions ci-dessus exprimées, et si
vous nous autoriseriez à nous faire forts, pour vous,
auprès de l'Administratiun municipale, de votre con-
sentement à la cession gratuite de tous les terrains à
occuper pour l'établissement de ces deux voies, tant
dans vos propriétés personnelles que dans celles de
Mᵐᵉ Deganne, et dans celles qui sont indivises entre
vous et MM. Grenié et Bourdain, dont nous réclamerons
ensuite l'adhésion.

» Nous vous serions reconnaissants de vouloir bien
nous répondre le plus tôt possible, afin de pouvoir
hâter nos démarches.

» Agréez, etc.

*(Suivent les signatures.)*

## J'ai répondu la lettre suivante :

« Arcachon, le 6 avril 1862.

» *A MM......, propriétaires à Arcachon, quartier
du Mouëng.*

» Messieurs,

» J'ai reçu la lettre que vous m'avez fait l'honneur

de m'adresser le 2 de ce mois, pour me demander si je consentirais à céder gratuitement les terrains qui m'appartiennent sur le tracé de deux avenues que j'ai projetées : l'une, dans le prolongement direct de l'avenue latérale, depuis la gare jusqu'à la plage de l'Aiguillon ; l'autre, qui conduirait du passage à niveau à la chapelle Saint-Ferdinand.

» Cette question m'a été posée il y a quelque temps par deux de vos délégués. Je n'ai rien à changer à la réponse que j'ai faite et que par cette lettre je viens confirmer.

» Je céderai gratuitement les terrains nécessaires aux deux avenues que j'ai projetées, à la condition que la largeur et l'alignement ne seront pas modifiés. Les accidents de terrain sont peu importants, et si les ressources actuelles de la commune sont insuffisantes pour l'exécution complète de ce projet, l'Administration municipale pourrait commencer les travaux sur 10 mètres de largeur, sauf à parachever plus tard. Mais ce qui, selon moi, est indispensable, c'est de s'assurer des terrains sur la largeur de 25 mètres, afin de ne créer aucun obstacle pour l'avenir.

» Pour éviter aux Administrations municipales qui se succèdent les embarras que causent des voies mal établies, soit comme tracé, soit comme nivellement, je demanderai que le projet de nivellement de ces deux avenues me soit soumis.

» Je tiens, parce que je crois être dans le vrai, à la largeur de ces avenues, qui seront les artères et promenades principales de la commune. Je répète donc ce que j'ai dit à M. Célérié à propos de ces deux

voies : « Je céderai gratuitement 25 mètres de largeur,
» ou je me ferai exproprier si le Conseil municipal
» commet l'erreur de les classer à 10 ou 12 mètres
» seulement. »

.» Agréez, etc.                    » Ad. DEGANNE. »

« *P. S.* Je donnerai, en outre, un chemin pour
mettre en communication la propriété Moyrand et
Lacou avec l'une de ces avenues. »

Voilà, Monsieur, la vérité vraie relative-
ment aux chemins projetés, soit par vous,
soit par moi, dans les quartiers de Saint-
Ferdinand, du Mouëng et de l'Aiguillon. Que
les esprits impartiaux jugent entre vous et moi.

Vous le voyez, le projet de M. Célérié et
le mien ne sont pas du tout la même chose;
c'est donc à tort que vous vous écriez avec
emphase que l'initiative appartient à M. Célérié; et quant au concours que vous prônez
tant, qu'est-il autre chose que ce que j'ai
offert moi-même par ma lettre au Conseil
municipal, offre que j'ai réitérée, soit dans
l'acte que je vous ai adressé le 8 avril, soit
dans ma réponse aux propriétaires des quartiers de Saint-Ferdinand, de Mouëng et de
l'Aiguillon?

Après cette digression, peut-être un peu

longuo, mais indispensable pour démontrer
la nécessité de compléter la viabilité du
quartier Est d'Arcachon, revenons, s'il vous
plaît, à votre *factum*.

J'admire, sans en être bien édifié, je vous
l'avoue, l'orgueilleuse habileté avec laquelle,
à vos pages 41 et 42, vous énumérez les
noms, qualités et professions des honorables
membres qui composent *votre* Conseil municipal. Je me demande seulement, et beaucoup
d'autres se le sont demandé avec moi,
pourquoi vous avez suivi, dans vos citations,
l'ordre que vous avez adopté? Pourquoi tel
Conseiller municipal est par vous placé à la
tête et tel autre à la queue? Pourquoi l'énumération pompeuse des titres et professions
de chacun, et l'omission de la profession d'un
seul? Est-ce que, par hasard, vous seriez assez
peu libéral pour vouloir dissimuler cette profession, oubliant qu'en France surtout, c'est
l'homme qui honore l'état et jamais l'état qui
honore l'homme? Dans l'ordre que vous avez
adopté, auriez-vous eu la prétention de suivre
celui des nominations? Je ne le pense pas.
Ce n'est pas non plus l'ordre alphabétique
qui a été choisi par vous. Serait-ce donc

l'ordre de l'importance de chacun? Mais à ce titre, pourquoi reléguer au dernier rang *votre* Adjoint, puisque, vous-même n'étant pas membre du Conseil, il devient, à votre défaut, le plus important, officiellement, de cette réunion qu'il est appelé à présider en votre absence? Convenez-en, Monsieur, vous n'avez été guidé en cela que par un accès d'amour-propre, d'autant plus blâmable, qu'il vous a entraîné à manquer d'égards pour *votre* Adjoint, dont le dévouement et l'honorabilité méritaient mieux.

Et maintenant, ne craignez-vous pas qu'en faisant ressortir, comme vous le faites, que sur les dix Conseillers, tous éclos de la liste par vous si amoureusement couvée, huit sont étrangers à *votre* population sédentaire, et deux seulement sont citadins d'Arcachon, ne craignez-vous pas, dis-je, de donner à ceux qui ne la connaissent pas, une pauvre et fausse idée de cette population sédentaire, qui n'aurait pu vous offrir, pour faire partie de *votre* Conseil, qu'un Pharmacien, dont votre modestie n'oublie pas la « première classe, » et un... Adjoint, dont votre vanité oublie de mentionner l'humble et douce profession?

Je m'étais promis, Monsieur, de vous suivre page par page, et de relever les unes après les autres les innombrables inexactitudes volontaires dont fourmille votre brochure; mais je commence à m'apercevoir que la tâche serait vraiment trop rude; car, sur vos 164 pages, il n'en est pas une qui ne puisse donner lieu à une observation de ce genre, ce qui ne serait certainement pas fort amusant pour nos lecteurs. Je me bornerai donc à esquisser à grands traits vos erreurs les plus saillantes.

Vous revendiquez l'honneur d'être le fondateur d'Arcachon et d'y avoir fait construire le premier chalet. On vous l'a déjà dit et écrit bien des fois : ce n'est pas à vous qu'appartient l'initiative d'un établissement de bains de mer à Arcachon. Vous étiez encore sous les ombrages de Cocumont, et ne songiez certes pas à venir planter votre tente sur les bords du bassin d'Arcachon, lorsque M. Legallais père, suivant en cela les inspirations de M. le baron d'Haussez, de regrettable mémoire, se décida à tranformer en établissement de bains la maison de plaisance qu'il s'était fait construire sur cette belle plage, dont il avait pressenti l'avenir. Il a consacré sa fortune et sa vie à la propagation de cette utile pensée. Vous, Monsieur, vous n'êtes venu à Arcachon que longtemps, bien longtemps après M. Legallais; mais, en habile homme, vous avez su récolter ce que d'autres avaient semé : à ceux-ci les labeurs et les sacrifices, à vous les coups d'encensoir et les rubans.

Vous êtes ardent à vous parer des plumes du paon, Monsieur. Il ne vous a pas suffi de vous attribuer faussement l'honneur d'avoir fondé Arcachon, vous revendiquez encore celui de l'initiative en toutes choses.

Vous avez, dites-vous page 145, bâti la première villa. Vous savez bien qu'il n'en est rien. Indépendamment de l'habitation de M. Legallais, dont je vous parlais tout à l'heure, vous avez, plusieurs années avant de faire construire, habité une maison qui appartenait à M. Dumora. Cette dernière était donc construite avant la vôtre. Peut-être auriez-vous un petit intérêt d'amour-propre à oublier l'existence antérieure de la maison Legallais, à laquelle se rattache, pour vous et pour une autre personne, un souvenir peu gracieux; mais nous ne pouvons pas aller contre les faits.

Si vous n'êtes pas le fondateur d'Arcachon, vous n'êtes pas davantage le promoteur de son érection en commune, dont, à votre page 133, vous vous attribuez tout le mérite en phrases pompeusement arrondies. La lettre ci-après, par moi adressée le 19 avril 1855 à M. le Préfet de la Gironde, prouve que l'idée première de la séparation d'Arcachon avec La Teste vient de moi :

« Arcachon, 19 avril 1855.

» MONSIEUR LE PRÉFET,

» Les intérêts d'Arcachon sont si distincts, si différents de ceux de La Teste, que l'on comprend difficilement que ces deux localités ne soient pas séparées. Il y a au moins quatre ans que cette disjonction devrait être décrétée. Personne, à ce qu'il paraît, ne prend l'initiative, et quoique ce soit moins à moi qu'à tout autre de la prendre, car je ne suis pas même Conseiller municipal, je viens cependant demander l'érection d'*Arcachon en commune.*

» Vous connaissez assez le pays, Monsieur le Préfet, pour que je m'abstienne d'énumérer les motifs qui militent en faveur de ma demande.

» J'ai l'honneur, etc.

» AD. DEGANNE, »

Vous faites bien laquer votre fouet à

l'occasion de la transaction qui a permis à Arcachon de se racheter des droits d'usage. Eh bien! c'est encore une plume que je me trouve obligé de faire tomber de votre parure empruntée. La proposition du rachat du droit d'usage ne vous appartient pas. Elle appartient à un homme qui, selon vous, cherche à tout entraver, et n'a jamais rien su faire de bien. Lisez cette lettre, adressée, le 20 juin 1852, par votre très humble serviteur à MM. les Maires des communes usagères de La Teste et de Gujan :

« Arcachon, 20 juin 1852.

» MONSIEUR LE MAIRE,

» La forêt d'Arcachon est grevée de droits d'usage. Aux termes du Code forestier, l'affranchissement de ces droits est possible; il est nécessaire.

» Je viens, en conséquence, proposer l'affranchissement de ma propriété, lieu dit *Eyrac*.

» Ainsi que j'ai eu l'honneur de vous le dire, si les habitants affranchissaient leurs propriétés de ces droits, dignes des temps barbares, dix ans après les communes de La Teste et de Gujan auraient de 40 à 50 mille francs de revenu annuel.

» Veuillez agréer, etc.

» AD. DEGANNE. »

Vous le voyez, vous n'avez pas été là

5

premier à proposer le rachat; vous n'avez
pas été plus heureux en prétendant que ce
rachat m'avait rendu plusieurs fois millionnaire, car vous savez parfaitement que si ma
pièce d'Eyrac était soumise aux droits d'usage,
ma propriété la plus importante, celle de la
Chapelle, en est affranchie. Vous savez également que la plus-value résultant du rachat
n'a pu porter que sur les petites parcelles et
n'a nullement affecté les grandes propriétés.
En effet, au moment du rachat, je possédais
environ 20 hectares sujets au rachat, et sur
lesquels la plus-value donnée par le rachat
m'aurait rendu plusieurs fois millionnaire, selon vous; cependant, quelque temps après la
transaction, j'ai acquis 16 hectares, avoisi-
nant mes 20, de divers propriétaires, parmi
lesquels figurait M. Marichon, ancien juge
de paix de La Teste, qui, ainsi que ses
co-intéressés, passait à juste titre pour un
excellent administrateur de sa fortune; et
ces 16 hectares qui, selon votre dire, auraient
dû proportionnellement bénéficier par le rachat d'un million et demi au moins, m'ont été
vendus pour 16,000 francs. Pauvre commune
que celle d'Arcachon, si vous apportiez dans

la gestion de ses intérêts financiers les pré-
occupations passionnées qui vous font dérai-
sonner de la sorte !

L'idée de l'éclairage et des réverbères n'est
pas à vous non plus. C'est M. Durand, ancien
avoué, qui, le premier, vous a donné l'exemple de l'éclairage au schiste, et les réverbères
ont été proposés par M. Hovy.

Je termine ici mon examen des nombreuses
louanges que votre modestie s'alloue si géné-
reusement ; j'en omets à dessein plusieurs, et
des meilleures ; mais je craindrais que la voix
de la vérité, se trouvant en trop grande
discordance avec le concert d'éloges que vous
faites à tout moment entonner en votre faveur
par *votre* Conseil municipal, ne vous porte
un coup fatal, et je suis loin de vouloir la
mort du pécheur. Vivez, Monsieur, pour la
plus grande gloire d'Arcachon. Vivez pour
l'édification des siècles et des administrateurs
à venir. Continuez à vous faire tresser des
couronnes par vos fidèles, pour avoir jeté
dans... (j'allais dire dans l'eau ; mais où est-
elle, hélas ! l'eau de vos fontaines ?) pour avoir
ainsi jeté... au vent presque une année des
revenus municipaux. Bientôt, sans doute, la

reconnaissance publique vous élèvera une
statue sur votre place Sainte-Anne, en face de
votre hôtel-de-ville modèle et de votre délicieux marché, au milieu de votre square, dans
votre « *ventre* » enfin, comme l'a dit si spiri-
tuellement un administrateur d'un rang élevé,
à qui appartient, ainsi que je l'avais déjà écrit,
l'*atticisme* que vous mettez sur mon compte (¹).
C'est ce que je vous souhaite, espérant que
vous ne m'oublierez pas lorsque vous ferez
ouvrir pour cela une souscription.

A vous entendre, je suis d'une ingratitude
révoltante pour le dévouement héroïque avec
lequel vous êtes intervenu pour faire cesser
le scandaleux désordre qui se commettait
depuis quatre jours dans ma propriété. Quoi!
Monsieur, vous laissez tout saccager dans mon
jardin pendant quatre jours; vous n'arrivez
que quand un cœur noble et dévoué, quand
M. Caron vous adjure de venir faire votre
devoir, et vous voulez que j'entonne un hymne
de reconnaissance en votre faveur? Certes,

(¹) Si j'avais donné un nom à ce quartier, c'eût été
*Chicago*, à cause de sa similitude avec la ville américaine
qui porte ce nom. Dieu veuille que la ressemblance n'aille
pas jusqu'à la peste.

si quelqu'un dans cette circonstance s'est
montré digne de toute ma gratitude, c'est
l'honorable M. Caron, et c'est avec bonheur
que j'ai entendu descendre sur lui les éloges
les plus flatteurs de la même bouche qui, du
haut du siége de la justice, flétrissait la lâcheté
et la couardise de ceux qui avaient failli à
leur mission.

Autant vous êtes habile à chanter et faire
chanter vos louanges, autant vous êtes ardent
à dénigrer les actes des autres.

Mon château vous déplaît; vous le dites à
qui veut l'entendre, vous l'imprimez, et je
vous avoue que je ne suis pas trop fâché de
votre désapprobation, qui est, pour moi et pour
beaucoup d'autres, la preuve du bon goût
qui a présidé à sa construction.

Vous affectez de ne voir dans le prolongement du chemin de fer de La Teste jusqu'à
Arcachon qu'une idée spéculative de ma part,
et pas le moins du monde un but d'utilité
pour la contrée. Tout le monde heureusement
n'est pas de votre avis. Je reproduis à la suite
de ma lettre une notice publiée en février 1859
sur ce chemin de fer. Et quant à l'occasion
de l'avenue latérale et de l'avenue d'accès du

chemin de fer, vous vous écriez solennelle-
ment (page 143) : « C'est au chemin de fer
» qu'on les doit, *je le proclame*, et le seul
» concours que vous y ayez prêté, c'est de
» donner quittance du prix de la vente que
» vous lui avez consentie du terrain nécessaire
» à leur établissement, » permettez-moi de
vous dire qu'il ne suffit pas que vous procla-
miez une chose pour qu'elle soit vraie.

C'est moi qui ai projeté le chemin de fer
et ses abords, c'est-à-dire l'avenue latérale
et celle d'accès. L'élargissement de l'avenue
Euphrosine est l'œuvre de M. de Laroche
Tolay ; et quant aux terrains occupés par
l'avenue latérale et l'avenue d'accès, depuis
la gare jusqu'aux allées de Tourny, je vous
mets au défi de produire la quittance que
j'aurais donnée, selon vous, du prix de vente
de ces terrains.

Tout cela est à mettre au rang des vérités
de votre façon.

Il est encore, à propos des travaux exé-
cutés dans la commune, une chose dont vous
ne parlez pas, quoique certainement vos
investigations malicieuses sur mes faits et
gestes l'aient portée à votre connaissance :

En 1845, alors que vous florissiez à Cocumont, la route départementale était barrée à la hauteur du débarcadère et formait une impasse ; j'enlevai le barrage, je traçai et je commençai les terrassements du prolongement de la route sur toute la longueur de ma propriété. Vous trouverez la preuve de ce fait dans les actes de vente consentis les 22 juin et 22 septembre 1846, à deux de *vos* Conseillers municipaux actuels. La route que je fis ouvrir écornait un terrain appartenant à l'un d'eux, qui me fit fort bien payer la portion que lui prenait la voie publique. En 1849, je donnai gratuitement aux ponts et chaussées, non-seulement le terrain m'appartenant qui avait servi à l'établissement de la route, mais encore celui que m'avait fait payer votre Conseiller municipal, et qui se trouvait compris dans ce tracé. Plus tard, en 1851, dans le but d'être agréable à l'Administration des ponts et chaussées, je faisais insérer dans tous les actes de vente des parcelles bordant la route, une clause d'après laquelle la mesure de ces parcelles serait prise à 5 mètres de l'axe de la route, afin de porter à 10 mètres la largeur de cette voie, qui n'en avait que 8. Vous pouvez lire cette clause dans le titre de votre ami Richon, qui, sans cela, n'aurait pas manqué de se faire payer à beaux deniers l'élargissement pris de son côté. Était-ce dans mon intérêt personnel ou dans l'intérêt général que j'établissais cette réserve?

Il n'est pas jusqu'au projet du chemin de fer de Bordeaux au Verdon qui puisse trouver grâce devant vous. Voici sur cette affaire ce que j'ai à vous dire :

Le chemin de fer de Bordeaux au Verdon a été concédé en 1857. Vers la même époque, le Grand-Central et le Réseau Pyrénéen furent concédés. Le chemin du Verdon n'est pas exécuté, cela est vrai, mais les études définitives sont au Ministère. Le Grand-Central et le Réseau Pyrénéen auraient eu peut-être le même sort, si pour l'un l'influence de S. Exc. M. le comte de Morny, pour l'eutre celle de M. Pereire, n'avaient obtenu des modifications indispensables au cahier des charges, modifications que le chemin du Verdon, livré à ses propres forces, n'a pu obtenir.

Les Compagnies d'Orléans et de Lyon n'ont

pas non plus exécuté leurs travaux sans des modifications importantes.

D'autres ont été dédommagés de leurs peines et soins, tandis que moi j'ai consacré pendant quinze ans une partie de mon temps et plus de 80,000 francs, en dehors des remboursements qui me sont dus par mes co-associés, dans le but de doter le département d'un chemin de fer de 100 kilomètres. Vous qui connaissez si bien les cartons de la Préfecture, dites-moi si vous y avez laissé trace d'un pareil dévouement. Cela vaut bien sans doute quinze années de fonctions gratuites, mais honorifiques, dans un village.

Vous croyez me faire une grande malice en rappelant qu'à une certaine époque j'ai adressé à votre *Journal d'Arcachon* une sommation pour avoir à insérer une lettre en réponse à un de ses articles dans lequel il s'était permis de me nommer. Je vais réparer votre omission ; seulement, laissez-moi expliquer un peu à quelle occasion cela s'est produit. Des élections avaient eu lieu pour *votre* Conseil municipal ; deux listes étaient en concurrence : la vôtre, Monsieur, sur laquelle il n'est pas douteux que je ne figurais pas, et d'un autre côté, celle de ce qu'on appelle l'*opposition*. Je ne figurais pas davantage sur celle-ci, car il n'a jamais pu me convenir de me mettre sur les rangs pour quoi que ce soit. A une époque, j'ai pu être nommé Maire de La Teste; j'ai refusé, et c'est à mon défaut et sur ma recommandation que M. Oscar Dejean, votre ami et collaborateur, fut revêtu de ces fonctions. Je m'en applaudis, puisque c'est probablement son dévouement au régime d'alors qui lui a valu de passer juge de paix à Pessac sous le régime actuel, auquel il est incontestablement aussi dévoué qu'il l'était au précédent. Toujours est-il que, quant à moi, je n'ai jamais voulu rien accepter et n'accepterai jamais rien. Dormez tranquille sur ce point. Cela n'a pas empêché que, lors de la lutte pour *vos* élections municipales, quelques voix s'égarèrent sur moi qui n'étais porté sur aucune liste. Évidemment, c'était bien là ce qu'on appelle des *voix perdues*, et c'est sous ce titre qu'elles devaient figurer dans l'énumération des votes. Mais il n'en fut pas ainsi ; vous crûtes me lancer une épigramme bien mordante en faisant mettre dans votre journal que j'avais eu 3 voix, donnant à en-

tendre que m'étant porté candidat, je n'avais
pu réunir que ce petit nombre de suffrages.
Vous vous gardâtes bien d'ajouter qu'après
moi, M. Cazaubon, l'automédon si spirituelle-
ment chanté, avait eu 2 voix, et qu'après
M. Cazaubon, vous même, Monsieur Lamarque
de Plaisance, en aviez eu *une*. En bonne justice distributive, vous eussiez dû publier la
part de chacun.

Avec la loyauté qui caractérise toutes vos
assertions, vous travestissez, en lui donnant
la couleur d'une dénonciation contre vous,
l'objet d'une pétition que j'adressai en 1854
à M. le Préfet de la Gironde. Rétablissons les
faits, s'il vous plaît.

En 1854, quelqu'un vint établir sur le
domaine maritime, mais au-devant de ma propriété, un obstacle qui me parut devoir m'être
nuisible. Je me rappelai que quelque temps
auparavant, vous aviez obtenu de l'Autorité
supérieure l'ordre d'enlèvement d'une cabane
placée par M. Duboué au-devant de chez vous
et dans les mêmes conditions. Pensant que
ce que l'un avait obtenu ne pouvait pas être
refusé à l'autre sans un évident déni de
justice, je demandai à M. le Préfet d'être

traité comme vous l'aviez été vous-même.
Voilà ce que vous appelez une dénonciation?
En vérité, Monsieur, il est plus que surpre-
nant qu'un homme d'esprit, comme vous l'êtes,
à ce que l'on dit, se laisse aveugler par la
passion au point de présenter comme une
dénonciation ce qui était tout simplement le
rappel d'un fait que je devais considérer
comme pouvant être favorable à ma demande.
Une dénonciation suppose une plainte, et
j'étais bien loin de me plaindre de ce que
l'on avait fait pour vous puisque je réclamais
en ma faveur l'application du même principe.
Avais-je donc si grand tort de penser que si
les juges considèrent tous les citoyens comme
égaux devant eux, les administrateurs devaient suivre cet exemple? Il paraît que oui,
puisque l'on a mis à néant ma réclamation,
alors que la vôtre avait été favorablement
accueillie. Cela prouve en faveur de votre
savoir-faire. A quoi me sert donc le talent
que vous me prêtez si gracieusement de cul-
tiver les bonnes connaissances? Et si l'on en
juge par les faits, quel est celui de nous deux
qui pousse ce talent le plus loin? Quel est
celui de nous deux qui convoite et sollicite

les faveurs? Quel est celui de nous deux qui
recherche les honneurs et les décorations?
Pendant que vous vous faites élever sur le
pavois et que vous livrez vos rubans et vos
banderoles à l'admiration de tous, je reste
dans l'obscurité qui me convient et que j'am-
bitionne cent fois plus que tout le bruit que
vous faites faire autour de vous. Avouez que
si la culture de grandes et belles connaissances est nécessaire à l'un de nous deux, ce
n'est certainement pas à moi, qui n'en attends
aucune utilité.

Conséquent, comme vous l'êtes toujours,
vous me reprochez, à votre page 79, d'avoir
borné mon concours pour la réception de
l'Empereur à permettre de prendre des broussailles dans mes forêts. Dans un Compte-
Rendu fait par vous de la réception de Leurs
Majestés à Arcachon, vous vous exprimiez
ainsi :

« A l'entrée du boulevard, un arc de
» triomphe en verdure.....

» Le boulevard de la plage, depuis le
» quartier Saint-Ferdinand jusqu'à l'église
» paroissiale, sur une étendue de près de
» 4 kilomètres, était décoré de mâts ornés

» d'oriflammes, de guirlandes d'*arbousiers* et
» de fleurs..... *Les arceaux de feuillages croi-*
» *saient à chaque instant la route, et c'est sous*
» *une voûte continue de verdure que Leurs*
» *Majestés ont dû passer.* »

Les *arceaux de feuillage*, les *voûtes de
verdure* d'alors, se transforment aujourd'hui
en *broussailles*, parce que c'est moi qui ai
fourni la majeure partie des branches d'ar-
bustes dont le tout était composé.

A propos de ces *broussailles*, vous ajoutez :

« Cette générosité, vous l'avez annoncée
» au public dans une lettre adressée à MON
» Adjoint, honnête et estimable industriel
» qui n'a ni le privilége de commencer son
» nom par une syllabe ressemblant à un titre
» nobiliaire, ni la prétention de l'allonger par
» une particule, et portant pour suscription :
» *A M. Thomas de Lusson.* »

Digne émule du Maire Jean Sauerkraut, si
plaisamment célébré par Edmond About, vous
adoptez avec une complaisance toute parti-
culière le pronom possessif. Vous dites *mon*
Adjoint, *mon* Conseil, comme vous diriez *mon*
chapeau, *mon* chien, *ma* pipe. Cela est vraiment
flatteur pour *votre* Adjoint, pour *votre* Conseil.

Quant à la lettre dont vous parlez, permettez-moi d'abord d'en reproduire le texte pour édifier vos lecteurs et les miens sur ce que j'ai offert, et que vous appelez si obligeamment des broussailles :

« Arcachon, 4 octobre 1859.

» *Monsieur Thomas Lusson, Adjoint au Maire.*

» J'ai l'honneur de vous prier de vouloir bien faire prévenir les habitants d'Arcachon qu'à l'occasion du passage de l'Empereur, je les autorise à couper dans mes propriétés des branches de chênes et d'arbousiers pour faire des guirlandes.

» Agréez, etc.

» Ad. DEGANNE. »

A l'égard de la suscription de cette lettre, dont vous vous faites contre moi une arme que vous croyez accablante, je n'ai pas souvenir d'y avoir inséré la particule que vous relevez avec tant d'aigreur. Mais l'eussé-je fait, que je ne crois pas qu'il soit possible, et à vous surtout, Monsieur, de m'en faire un crime. Ne rencontre-t-on pas bien souvent des personnes qui, pour se distinguer d'un homonyme ou pour toute autre cause, ajoutent à leur nom patronymique le lieu de leur naissance? Notre histoire presque contemporaine

ne nous a-t-elle pas présenté : Boulay de la
Meurthe, Merlin de Thionville, Merlin de
Douai, Martin du Nord? Et vous-même, Monsieur, ne vous faites-vous pas nommer
Lamarque *de Plaisance?* Pourquoi serais-je
coupable d'avoir pensé que *votre* Adjoint, à
l'honorabilité duquel je rends mieux que
personne un parfait hommage, et que nous
ne connaissons tous à Arcachon que sous le
nom de *Thomas,* qu'il a su rendre « *depuis
longtemps célèbre* » et que vous avez chanté
vous-même dans votre journal; pourquoi,
dis-je, me ferait-on un crime d'avoir cru qu'à
votre exemple, il avait ajouté à son nom
patronymique de *Thomas* l'indication du lieu
où il avait pris naissance? Je me suis trompé,
dites-vous, je le veux bien; mais si je l'ai
fait, c'est fort innocemment, et seulement par
assimilation de l'Adjoint au Maire.

Vous me reprochez à vos pages 132 et 133
d'avoir été long à établir des trottoirs devant
ma propriété, sur la route départementale, et
d'avoir essayé de faire de l'opposition à la plan-
tation d'arbres sur cette route devant chez moi.

Voici ce que j'ai écrit à M. le Préfet à propos des arbres de la route :

« Arcachon, 16 mars 1861.

» Monsieur le Préfet,

» Des trous sont pratiqués sur les trottoirs de la route départementale n° 4 (traverse d'Arcachon), dans le but d'y planter des arbres.

» Il est dans mes goûts de voir les choses qui m'intéressent se passer régulièrement; c'est donc *pour la régularité* que je viens demander en vertu de quelle loi ou ordonnance des arbres peuvent être placés à moins de 2 mètres des propriétés riveraines.

» J'ai l'honneur, etc.

» Ad. DEGANNE. »

Demander que les choses soient faites en conformité des règlements, est-ce, je vous prie, faire de l'opposition à l'exécution de ce qui est projeté? Certes, je ne ferai jamais comme vous, Monsieur, qui, loin de donner, comme vous le devriez, l'exemple de l'observation des prescriptions réglementaires, conservez au-devant de votre maison, et sur le trottoir, qui fait partie de la voie publique, des arbres et des bancs à vous appartenant qui font obstacle à la libre circulation. Il est vrai que vos amis n'ont pas d'yeux pour apercevoir cette contravention, qui mériterait à tout autre un bon procès-verbal.

Vous relevez avec soin, à votre page 136, une condamnation prononcée contre un de mes ouvriers, payé à la journée, pour une contravention en matière d'octroi (il s'agissait d'un droit de 50 centimes), par suite de laquelle j'ai été déclaré civilement responsable ; mais vous vous gardez bien de rappeler que le même jour et à la même heure vous avez été débouté et condamné aux dépens, pour un autre procès-verbal méchamment dressé contre moi, d'après des ordres écrits envoyés par vous des Pyrénées, où vous étiez alors.

Je ne puis passer sous silence ce que vous dites à votre page 48, à propos d'un écriteau que j'avais placé à l'une des extrémités de l'avenue Sainte-Marie. Non, Monsieur, ce n'est point l'acte extra-judiciaire dont vous parlez qui m'a fait enlever cet écriteau ; car après avoir fait disparaître le nom de M. Méran, je l'avais immédiatement rétabli ; et si depuis je l'ai enlevé définitivement, c'est parce que l'un de mes amis se trouvant co-propriétaire de M. Méran, j'ai tenu à ne lui être pas désagréable. Mais ce qu'il y a de curieux, c'est que le crime que vous me faites de n'avoir pas voulu laisser passer chez moi pour arriver chez M. Méran, cet honorable magistrat s'en est constamment rendu coupable, et dernièrement encore il défendait à M. Lesca, voiturier, votre voisin, de passer dans sa propriété pour extraire de la mienne des arbousiers que j'avais donnés à M. de Thury. Crierez-vous *haro* contre M. Méran, juge de paix? Fulminerez-vous contre lui, comme vous le faisiez lors du procès des chênes? Je n'en crois rien. Les temps sont bien changés.

Je termine par l'examen des agréables plaisanteries que vous faites sur mon château et sur le drapeau dont je l'ai décoré dans certaines circonstances.

Je n'ai jamais eu la prétention, Monsieur, d'avoir inventé l'architecture *renaissance* que j'ai adoptée pour la construction de mon château. J'ai pour principe qu'il faut prendre les bons exemples et s'approprier les beaux modèles partout où on les trouve. Ainsi, les ouvertures de mon château sont dans les proportions de celles de la cour du Louvre; une tour est de Chambord; le *pigeonnier*, qui vous déplaît tant, est également de Chambord; le portail du château de Diane de Poitiers, trans porté dans la cour du palais des Beaux-Arts à Paris, m'a donné une colonne. A mon grand regret, je n'ai rien emprunté à Chenonceaux; mais je me suis surtout inspiré d'un château des bords de la Marne, dont j'avais admiré le merveilleux ensemble et les plus ravissants détails. J'ai fait plusieurs voyages pour contempler ce chef-d'œuvre. Que voulez-vous, Monsieur, j'ai ma marotte. Chaque fois que je vais à Paris, je fais une visite au Luxembourg uniquement pour un tableau de Baudry. Le talent de l'architecte n'est pas d'inventer, mais de discerner le beau du laid; de rejeter le laid, d'appliquer le beau en le perfectionnant si c'est possible. Est-ce que l'architecte de la Madeleine a inventé les chapiteaux et les frises qui ornent ce monument? J'ai essayé de reproduire le château des bords de la Marne dans ses délicieuses proportions, tout en y apportant de grandes modifications, et j'espère y avoir réussi d'autant plus heureusement, que j'y ai dépensé un peu moins des trois millions qu'a coûté le modèle.

Quant à ce que vous appelez mon blason, que vous n'avez, à ce qu'il paraît, pu juger qu'à l'aide de votre vue, dont la portée ne dépasse pas celle de vos idées, voici ce que j'ai à vous répondre :

Tout le monde sait qu'un grand nombre des propriétaires d'Arcachon ont un drapeau de fantaisie, et que plusieurs d'entre eux ont l'habitude, que je rappelle sans me permettre de la critiquer, de faire hisser leur drapeau lorsqu'ils arrivent dans nos murs, comme, de temps immémorial, cela se pratique en France pour le Souverain dans le lieu où il va prendre résidence.

Vous, Monsieur, vous ne pouvez pas vous laisser guider par la fantaisie pour le choix d'un drapeau : vous ne pouvez arborer que le drapeau officiel; mais, en revanche, plusieurs de *vos* Conseillers municipaux ne se font pas faute de choisir et de composer celui qui leur plaît le mieux :

L'un a un drapeau rouge, au centre duquel brille une étoile avec la lettre H, initiale de son nom;

Un autre arbore un pavillon anglais, sans doute parce qu'il est Français;

Un troisième, le spirituel chansonnier d'Arcachon, est Marseillais, et il a pris pour drapeau les armes de sa ville natale. Je ne sache pas que vous ayez trouvé là matière à critique.

Eh bien! Monsieur, toujours pour être conséquent avec ma devise d'imiter le bien là où je le rencontre, j'ai voulu imiter le spirituel M. C...., et j'ai appliqué sur un fond bleu les armes de mon village. Si le fond est bleu, c'est d'abord parce que j'aime cette couleur, et ensuite parce que l'écusson étant d'argent et le cœur de gueules, c'est-à-dire rouge (en termes de blason, que votre particule ne vous oblige pas à connaître), j'arrive ainsi à avoir sur mon drapeau, comme M. C.... sur le sien, les armes de mon village, tout en conservant les couleurs nationales. Vous avez la vue si basse, que vous avez pris mon écusson pour une lune : une lune carrée!! En vérité, Monsieur, il n'y a que vous pour imaginer d'aussi jolies choses.

Je ne sais pas, Monsieur, s'il vous prendra fantaisie de répondre à ces notes que je me suis trouvé dans la nécessité de publier pour relever les nombreuses inexactitudes par vous entassées dans votre brochure; mais ce que je sais, c'est que, quelle que soit votre réponse, elle n'amusera pas vos lecteurs.

*P. S.* Si, dans vos prochaines publications, vous pensiez devoir entretenir encore vos lecteurs de mes affaires avec la Compagnie du Midi, vous voudriez bien, comme la délicatesse vous en fait un devoir, nommer les personnes qui vous auraient autorisé à vous placer sur ce terrain ; car les excellents rapports que j'ai avec plusieurs administrateurs et ingénieurs de cette Compagnie me font désirer de savoir à qui j'aurais affaire, afin d'éviter toute méprise.

Plusieurs contribuables d'Arcachon, dont je suis ici l'interprète, vous prient de donner, dans votre prochaine brochure, le relevé annuel des recettes et dépenses d'Arcachon depuis qu'il a été érigé en commune.

# NOTICE

SUR LE

# CHEMIN DE FER

DE

## LA TESTE A ARCACHON

PAR

## UN ARCACHONNAIS

1er FÉVRIER 1859.

BORDEAUX

IMPRIMERIE G. GOUNOUILHOU,
RUE GUIRAUDE, 11.

1859.

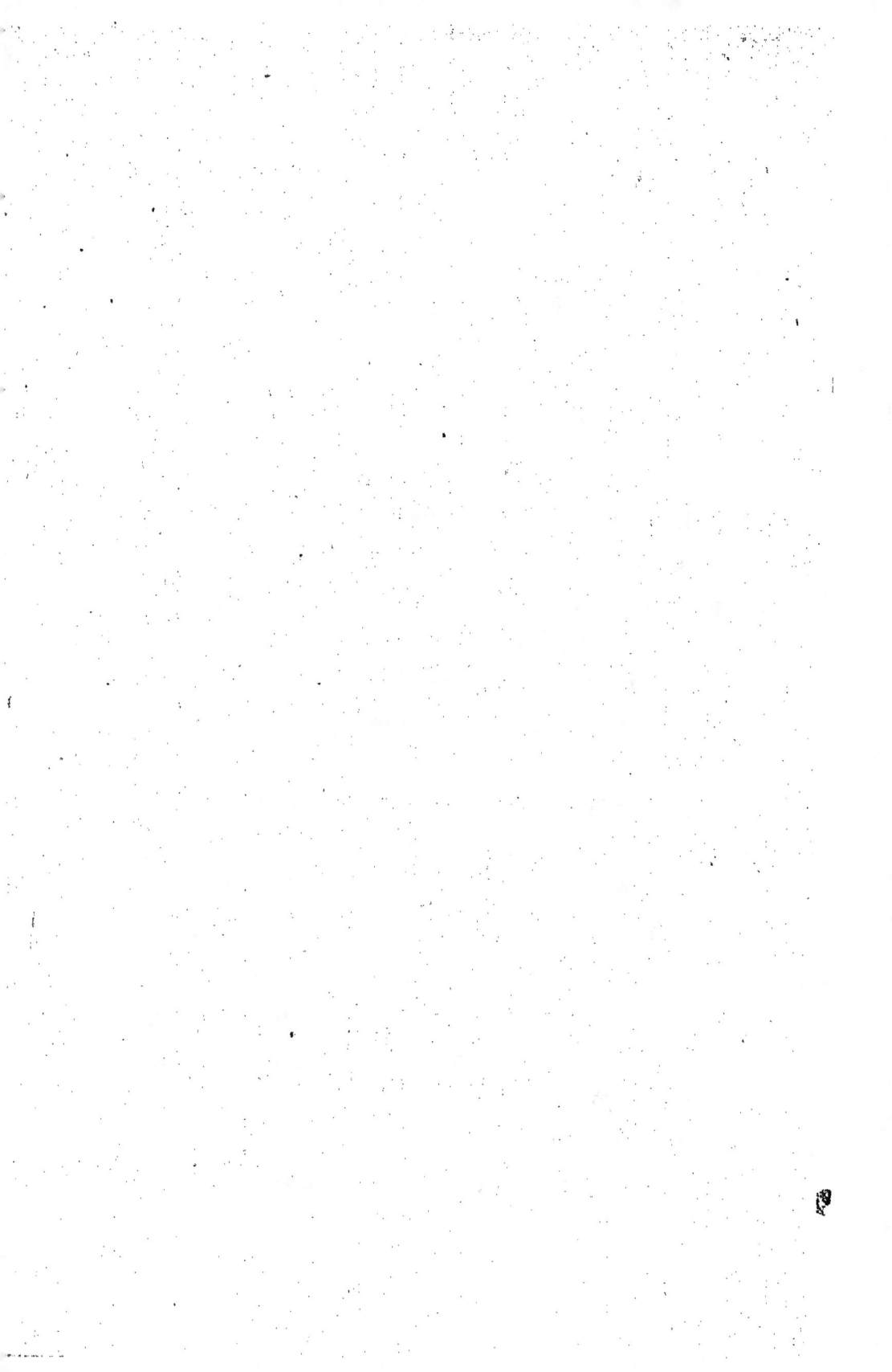

# NOTICE

SUR LE

## CHEMIN DE FER DE LA TESTE A ARCACHON.

La population Arcachonnaise, dont l'importance augmente de jour en jour, formait depuis longtemps des vœux pour que le chemin
de Bordeaux à La Teste fût prolongé jusqu'à
son centre. De son côté, la Compagnie des
Chemins de fer du Midi, après avoir obtenu le
décret de concession du 24 août 1852, qui lui
livrait le réseau du Midi, faisait étudier un
projet de prolongement du chemin de fer de
La Teste.

Trois années s'écoulèrent ainsi, de 1852 à
1855, pendant lesquelles de nombreuses études furent faites et plusieurs projets étudiés
et successivement abandonnés. L'un d'eux, enfin, fut soumis aux formalités de l'enquête en
1854. Les vices de ce projet sautaient aux
yeux de tous. Néanmoins, l'enquête lui fut fa-

4

vorable, parce que la population, impatiente, songeait bien moins alors à discuter les dispositions d'un tracé qu'à s'assurer l'exécution du chemin, qui ne venait pas assez vite au gré de ses vœux. Il lui fallait un chemin, et un chemin quelconque, dans quelques conditions d'établissement qu'il se trouvât d'ailleurs au point de vue de ses conséquences à venir. Se récrier contre les dispositions du tracé, réclamer des rectifications, c'eût été, — du moins les habitants d'Arcachon le craignaient, — en ajourner l'exécution; et l'impatience des habitants amnistia les défectuosités du projet.

En toute autre circonstance, il est hors de doute que ce projet, soumis à l'opinion publique, n'eût pas pu traverser les épreuves d'une enquête sans soulever de vives réclamations, car il froissait tous les intérêts locaux ou privés, et foulait aux pieds tous les principes de l'art.

Le tracé, long et sinueux, affectait des courbes d'un rayon de 400 mètres, tandis que la loi sur les chemins de fer n'admet que par exception, et seulement à l'arrivée des gares, des courbes d'un rayon minimum de 500 mètres. Dans les autres cas, les courbes ne peuvent avoir moins de 1,000 mètres de rayon.

Les pentes et les rampes étaient partout portées à 5 millimètres par mètre, ce qui est le maximum des déclivités autorisées, et ne doit exister que dans des conditions de terrain tout à fait particulières.

Le développement général du chemin présentait une longueur totale de 6,000 mètres.

En outre, et au point de vue des intérêts locaux, le tracé supprimait tous les chemins et avenues conduisant dans la forêt; il interceptait toute communication avec le débarcadère; il ne ménageait aucun abord convenable auprès des stations et gare.

Il exigeait, en raison de sa plus grande longueur, l'emploi d'un personnel plus nombreux.

Son exploitation devenait conséquemment plus difficile et plus onéreuse.

Enfin, son entretien était plus coûteux.

En présence d'un projet aussi défectueux, la Compagnie s'était prononcée et elle n'y avait pas donné suite.

De son côté, M. Deganne, reconnaissant l'impossibilité d'arriver à l'exécution de ce projet, présenta un projet différant essentiellement de celui de l'Ingénieur de la Compagnie, et proposa de l'exécuter.

En octobre 1855, M. Simon, ingénieur en chef, disposé à poursuivre l'exécution de ce projet auprès de la Compagnie, demandait à M. Deganne de compléter les pièces qu'il lui avait soumises.

Le 26 décembre suivant, M. Deganne signait, à Paris, le traité relatif à l'exécution du projet qu'il avait proposé.

Ce tracé présentait sur celui de la Compagnie des avantages considérables.

Il réduisait de 3,000 mètres sur 6,000, c'est-à-dire de moitié, la longueur du parcours.

Il conservait tous les chemins conduisant à la forêt.

Il ménageait des abords à la gare, très-faciles et très-larges.

Il réduisait sensiblement le personnel.

Il rendait l'exploitation et l'entretien moins coûteux et plus faciles.

L'exécution des travaux, et surtout l'expropriation des terrains, ont établi, en outre des avantages que nous venons d'énumérer, que le tracé de M. Deganne avait réalisé des économies notables. Les terrains seuls auraient coûté, d'après le projet de M. l'Ingénieur de la Compagnie, plus de 1,200,000 fr.

Les habitants d'Arcachon, craignant encore
un ajournement pour l'exécution du chemin de
fer, chargèrent huit d'entre les principaux
propriétaires (Arcachon n'était pas alors érigé
en commune) de réclamer auprès du Ministre
en faveur de l'exécution du projet présenté
par M. Deganne.

Cette réclamation ne fut pas admise par
M. le Ministre, qui écrivait, le 9 février 1856,
aux propriétaires délégués :

« Messieurs,

» J'ai reçu la lettre que vous m'avez fait l'honneur
de m'écrire le 1er du courant, et dans laquelle vous
présentez des observations à l'appui du tracé proposé
en dernier lieu par la Compagnie des Chemins de fer
du Midi, pour le prolongement jusqu'à Arcachon de
la ligne de Bordeaux à La Teste, tracé d'après lequel
il ne serait établi qu'une station d'arrivée, placée au
centre du village.

» J'ai l'honneur, Messieurs, de vous informer que
l'Administration a examiné le tracé dont il s'agit, et
qu'il ne lui a pas paru susceptible d'être approuvé.

» Recevez, Messieurs, l'assurance de ma parfaite
considération.

» *Le Ministre de l'Agriculture, du Commerce*
» *et des Travaux publics,*

» Signé : E. ROUHER. »

Cette réponse fut communiquée à M. Deganne, qui avait déjà commencé à mettre la
main à l'œuvre et exécutait les terrassements
sur l'emplacement de la gare, établie perpendiculairement à la route. Cependant, pour éviter le fâcheux effet qu'aurait produit sur la population la suspension des travaux, M. Deganne, d'accord en cela avec l'Ingénieur de la
Compagnie, n'en continua pas moins les terrassements de la ligne.

Dans ce conflit de tracés, approuvés et reje-
tés, et bien que, par suite des conventions pas-
sées entre la Compagnie et M. Deganne, les
travaux fussent, comme nous venons de le
dire, en cours d'exécution, la Compagnie, pour
ne pas encourir le blâme de l'Administration,
dut cependant soumettre à son approbation le
nouveau tracé.

L'Administration, qui avait approuvé le projet de l'Ingénieur de la Compagnie, soumis
préalablement aux enquêtes en 1854, voulut
bien autoriser une nouvelle enquête en faveur
du projet présenté par M. Deganne.

Cette enquête eut lieu du 7 avril au 7 mai
1856, sous la présidence de M. Johnston, membre du Conseil général.

Le rapport de la commission fut complètement favorable à ce dernier projet.

L'avis du Préfet de la Gironde le fut également.

Fort désormais du résultat de l'enquête et de l'approbation donnée à son projet, M. Deganne, pressé de plus en plus par la Compagnie pour arriver à un prompt achèvement du chemin, déploya dès lors dans ses travaux toute l'activité possible.

Les choses en étaient là, lorsque l'Administration supérieure prescrivit officieusement, d'accord sans doute avec la Compagnie, une modification du tracé à l'arrivée en gare. On se rappelle que le projet de M. Deganne établissait la gare perpendiculairement à la route. L'Administration crut reconnaître dans cette direction un inconvénient pour l'avenir du chemin, et demanda à la Compagnie que la gare fût établie parallèlement à la route.

Cette modification reposait, paraît-il, sur l'éventualité, agitée alors, de prolonger le chemin jusqu'à l'extrémité du bourg d'Arcachon, et peut-être même jusque dans les dunes de l'État.

A part cette rectification, l'Administration

acceptait le tracé de M. Deganne, qui s'exécutait d'ailleurs sous son contrôle.

C'est ainsi que ce dernier tracé, auquel la
Commission d'enquête et M. le Préfet de la
Gironde étaient également favorables, se subs-
tituait, sous les yeux mêmes de l'Administration, au projet de la Compagnie que M. le Ministre lui-même ne craignait pas de battre en
brèche en autorisant de nouvelles enquêtes
en faveur du projet de M. Deganne.

Le 25 novembre 1856, M. Deganne, d'accord avec M. Bommard, directeur de la construction, fit attaquer la grande tranchée de la
Règue-Blanque, et successivement toutes les
diverses parties de la ligne.

Les travaux étaient donc en cours d'exécution, lorsque, vers la fin de mars 1857, M. Pereire, accompagné de plusieurs Administrateurs et Ingénieurs de la Compagnie du Midi,
vint reconnaître l'état d'avancement des chantiers. M. Deganne, bien que 'ort des ordres
qui lui avaient été donnés de se mettre à l'œuvre, ne s'inquiétait pas moins de l'irrégularité
de la situation, que le décret de concession
pouvait modifier d'un moment à l'autre, soit
en imposant de nouvelles conditions de tracé,

soit en modifiant l'importance des travaux à exécuter, qui pourraient dès lors différer considérablement des travaux prévus. Il se plaignit à M. Pereire de la lenteur apportée par la Compagnie dans l'accomplissement des formalités relatives au décret de concession, et le 22 de ce même mois, sans doute sur les démarches de M. Pereire, ce décret paraissait au *Moniteur* avec la date du 4 avril.

M. Deganne, dans la pensée de faire marcher rapidement les travaux, et ainsi que cela se pratique dans les chantiers de travaux publics, avait cédé une partie des terrassements à des ouvriers qu'il avait mis à leur tâche. Ces ouvriers ne répondaient pas aux vues de M. Deganne ; ils n'étaient pas en nombre suffisant et marchaient lentement ; aussi celui-ci s'empressa-t-il d'augmenter sur les autres chantiers de terrassements le nombre des ouvriers, qui atteignirent bientôt le chiffre de 400.

Dans la situation qui était faite à M. Deganne, c'était de sa part, on le reconnaîtra, un immense sacrifice qu'il s'imposait pour accélérer la marche de son entreprise. Ceci se passait, en effet, à l'époque de l'année où les travaux des champs tiennent les ouvriers éloignés des chantiers, où on ne peut les attirer et les retenir que par l'appât d'un gros salaire : il fallut subir leurs exigences, afin d'empêcher leur désertion.

Le mode d'exécution des terrassements, qui était d'ailleurs prescrit par la Compagnie, consistait à ouvrir tout d'abord une galerie pour le passage de la machine. Ce passage une fois assuré, les terres, retroussées à plusieurs jets de pelle, devaient être reprises et chargées sur les wagons de terrassements.

Il y avait dans ce genre de travail une sujétion très grande pour l'entrepreneur, qui était ainsi obligé à des remaniements de terres considérables, qu'il pouvait éviter en procédant de toute autre façon.

Quoi qu'il en soit, l'impulsion donnée dès ce moment aux divers chantiers de la ligne permettait déjà d'espérer que le service des voyageurs serait ouvert pour la saison des bains de mer.

Le 20 juin, en effet, la machine des terrassements franchissait la tranchée et atteignait la gare d'Arcachon, où les rails avaient été posés en même temps que ceux de la ligne.

Quelques jours après, le contrôle vint recevoir les travaux, et enfin, le 26 juillet, la voie était livrée au public.

Ce résultat avait été obtenu par M. Deganne aux prix d'efforts et de sacrifices incessants, au moyen desquels il avait pu faire déblayer le cube prodigieux de 300,000 mètres de sable, du commencement d'avril au 20 juillet suivant, c'est-à-dire dans moins de quatre mois.

Après avoir fait ressortir les avantages que comportait, à divers titres, le projet étudié par M. Deganne, nous devons ajouter que son adoption a été due surtout à l'appui que lui a franchement prêté, auprès de l'Administration supérieure, M. l'Ingénieur en chef Simon, qui n'a pas hésité à mettre de côté une question d'amour-propre personnel, en présence des intérêts bien entendus de la Compagnie du Midi. D'autres de ses Ingénieurs se seraient probablement montrés plus difficiles à l'endroit de leurs prérogatives, et auraient peut-être impitoyablement rejeté le projet comme provenant d'une source anormale, et sans se rendre compte de l'économie considérable qu'il réalisait.

M. Simon doit d'ailleurs s'applaudir, au-

jourd'hui que les résultats ont donné ample-
ment raison à ses actes, de l'immense service
qu'il a rendu à la Compagnie ; et, pour leur
part, les populations intéressées à la prompte
construction du chemin d'Arcachon, savent
gré à cet habile Ingénieur du concours qu'il
a prêté à un projet qui, par les réductions notables de parcours et de travaux qu'il réalisait,
ne pouvait que leur donner une plus prompte
satisfaction.

M. Bommart, directeur de la construction,
pénétrant lui-même tous les avantages du projet de M. Deganne, est venu, à son tour, sanc-
tionner ses dispositions, et n'a pas craint de le
couvrir de sa responsabilité en en pressant
l'exécution.

Quelle meilleure garantie pouvait-on demander en faveur d'un projet qui avait su réunir
le double avantage d'une économie incontestable et d'une rapide exécution ?

En résumé, il est certain que si M. Deganne
s'était tenu sur l'expectative, et n'avait pris
lui-même l'initiative dans cette occasion ; s'il
n'avait pas élaboré et présenté un projet qui
réalisait sur celui de la Compagnie une économie de plus de un million ; s'il n'avait pas com-

mencé les travaux avant que les formalités d'approbation et d'enquêtes eussent été remplies, évidemment le chemin de fer d'Arcachon attendrait encore son exécution. L'empressement de M. Deganne, secondé toutefois par les Ingénieurs chargés de la direction des travaux, a eu pour résultat de déterminer l'exécution du chemin dans un moment favorable; un plus long retard pouvait l'ajourner indéfiniment, car, à partir de ce moment là, on a pu constater dans la marche de la Compagnie un ralentissement que commandaient sans doute des raisons d'ordre et d'économie, et qui depuis paraissent ne pas lui avoir permis de s'engager dans des opérations de quelque importance.

Aussi, le traité intervenu plus tard entre la Compagnie et M. Deganne se ressent-il des vues prévoyantes ou économiques de la Compagnie, puisqu'il ne comprend que l'exécution proprement dite de la voie, et que ses travaux n'étaient pas encore achevés qu'elle ajournait la construction des bâtiments de la gare définitive.

Il est donc incontestable que si le chemin de La Teste à Arcachon est en activité depuis bientôt deux ans, c'est à l'initiative de M. Deganne (initiative qui pouvait n'être pas exempte de périls pour lui) que la Compagnie et le pays en sont redevables.

En un mot, si l'on tient compte des difficultés de toute nature qui ont entravé la marche des travaux ; de la défection des sous-traitants de M. Deganne, qui abandonnaient les chantiers, le 14 avril 1857, après avoir exécuté un cube insignifiant ; du prix élevé de la journée à cette époque de l'année ; du délai restreint dans lequel M. Deganne devait mener son entreprise à fin, on sera frappé des résultats prodigieux que peuvent obtenir, de nos jours, les efforts combinés de l'art et de l'industrie, en matière de Chemins de fer, surtout lorsque ces efforts sont unis à la ferme résolution de satisfaire aux exigences d'une situation difficile.

Arcachon, 1er février 1859.

P. S. Nous apprenons que M. le Ministre des Travaux publics, par sa décision en date du 10 janvier dernier, vient d'approuver l'établissement de la gare d'Arcachon.

Bordeaux. — Imp. G. Gounouilhou, rue Guiraude, 31.

www.ingramcontent.com/pod-product-compliance
Lightning Source LLC
Chambersburg PA
CBHW052058270326
41931CB00012B/2803